I0174076

ab27 -

INVENTAIRE

G 22,596

1ᵉ livre

ESSAIS

DE

GÉOGRAPHIE

MÉTHODIQUE ET COMPARATIVE,

ACCOMPAGNÉS

DE TABLEAUX HISTORIQUES FAISANT CONNAÎTRE LA SUCCESSION DES DIFFÉRENS ÉTATS DU MONDE DEPUIS LES TEMPS LES PLUS RECULÉS JUSQU'A NOS JOURS, ET SUIVIS D'UNE THÉORIE DU TERRAIN APPLIQUÉE AUX RECONNAISSANCES MILITAIRES ;

DÉDIÉS

A S. E. LE COMTE GUILLEMINOT,

Pair de France , Lieutenant-général des armées du Roi , Directeur du dépôt général de la guerre, et ambassadeur de S. M. T. C. près la Porte ottomane ;

PAR

M. A. DENAIX,

Ancien élève de l'école polytechnique , Chef de bataillon au corps royal d'État-Major, Chevalier des ordres royaux de Saint-Louis et de la Légion-d'Honneur, et attaché au Dépôt général de la guerre.

La méthode est la clef de toutes les sciences ; sans elle, les plus belles connaissances ne sont qu'un chaos , qu'un amas de richesses dont on ne peut se servir ou dont on se sert mal.

DILLON , le Guide des études historiques, p. xj

PARIS,

CHEZ

L'AUTEUR , rue Neuve-des-Bons-Enfans , n° 1.

CH. PICQUET, géographe ordinaire du Roi et de S. A. R Mgr. le duc d'Orléans, quai de Conti, n° 17.

A. J. KILIAN , libraire, rue de Choiseul , n° 5.

DENAIX , libraire , rue du Faubourg-Saint-Honoré , n° 62.

1827.

ANNONCE.

Les *Essais de géographie méthodique et comparative* que nous offrons au public sont, en raison du plan que nous avons jugé utile d'adopter, une des entreprises remarquables de notre temps.

L'étude basée sur la méthode naturelle et comparative, et présentée spécialement dans des cartes et dans des tableaux synoptiques, nous a engagé dans un travail graphique immense, absolument neuf sous tous les rapports.

Les élémens indispensables sur lesquels nous appelons l'attention se trouvent tous dans une relation absolue les uns des autres. Cette relation est établie tant par une nomenclature adaptée à la disposition et à l'arrangement des parties, que par des séries, des classes, des rapprochemens propres à soulager la mémoire, à développer le jugement.

Outre que la connaissance des états se présente sur nos cartes avec des données qui permettent d'en apprécier l'importance relative, nos tableaux historiques donnent les moyens de voir en un instant la manière dont ces états se sont formés, leurs acquisitions, leurs pertes, et les souverainetés qui ont existé aux époques des divers changemens d'extension qu'ils ont éprouvés durant leur existence.

Une analyse raisonnée des continens nous conduit à reconnaître la succession des lignes de faîtes composant un réseau continu de nervures ou d'arêtes, qui se prolongent jusqu'aux limites des terres couvertes par les eaux. Par ces notions générales, nous arrivons à l'anatomie effective ou comparée d'une contrée, d'un pays, et par conséquent à la théorie du terrain.

Une telle disposition des faits dans leur liaison naturelle nous a entraîné, en raison de son importance, à compléter des élémens que nous n'avions pas l'intention de produire d'abord en totalité. De là est arrivé un surcroît de travail, par suite duquel nous avons dressé quelques tableaux complémentaires que nous joignons aux deux premières livraisons, d'un intérêt assez majeur pour mériter des développemens : de là les retards de notre première publication.

La tentative que nous faisons pour les progrès de l'enseignement ne pouvant être comparée, ni pour le mode, ni pour l'exécution, à aucune des méthodes publiées jusqu'à ce jour, nous conservons à notre ouvrage le titre sous lequel il a déjà été annoncé. Nous ne craignons pas cependant d'avancer que nos *Essais* peuvent être considérés comme un traité dans lequel on trouvera exposée, dans tous ses degrés, la véritable manière d'enseigner et d'apprendre.

Les militaires, les gens du monde y puiseront en peu de temps des connaissances aussi solides qu'instructives, qui, par les méthodes ordinaires, ne pourraient être que le fruit d'un long et pénible travail.

L'avantage que nous avons sur nos devanciers tient à l'expression particulière que nous donnons à nos cartes, à la disposition extrêmement simple de nos tableaux historiques, à la marche naturelle de nos descriptions, à l'harmonie enfin qui règne dans une suite d'études *toutes spéciales*, mais dont l'ensemble compose un *nouveau système général de géographie théorique et pratique*.

ESSAIS

DE

GÉOGRAPHIE

MÉTHODIQUE ET COMPARATIVE.

22   6

DE L'IMPRIMERIE DE DIDOT LE JEUNE,
rue des Maçons Sorbonne, n° 13.

INTRODUCTION

A LA GÉOGRAPHIE

PHYSIQUE ET POLITIQUE

DES

ÉTATS DE L'EUROPE;

PAR M. A. DENAIX,

Ancien élève de l'École polytechnique, Chef de bataillon au corps royal d'Etat-Major, Chevalier des ordres royaux de Saint-Louis et de la Légion-d'Honneur, et attaché au Dépôt général de la guerre.

A PARIS,

Chez
{
L'AUTEUR, rue Neuve-des-Bons-Enfans, n° 1.
CH. PICQUET, géographe ordinaire du Roi, quai de Conti, n° 17.
A. J. KILIAN, libraire, rue de Choiseul, n° 3.
DENAIX, libraire, rue du Faubourg-Saint-Honoré, n° 62.

1827.

AVERTISSEMENT.

CETTE introduction à la Géographie physique et politique des états de l'Europe n'a d'autre but que de faire connaître les régions nord-ouest de l'ancien continent, tant par leur forme que par les rapports des principaux élémens statistiques propres à établir l'importance respective de chacune des souverainetés qui en font partie.

L'étude des formes veut que l'attention soit d'abord appelée sur les masses pour en détacher du corps principal celles qui, par leur situation tout à fait à l'extérieur, n'en sont, pour ainsi dire, que les membres.

A cet effet, nous nous supposons au-dessus des régions que nous devons explorer, et placés de manière à apercevoir d'un seul point de vue toutes les terres au nord de la Méditerranée et à l'ouest des monts Ourals. Les plages de l'Océan, les mers intérieures, les presqu'îles et les îles, nous donnent, par leur disposition relative, le premier partage de l'Europe en versans généraux et en bassins maritimes.

Par une navigation côtière, nous prenons ensuite

connaissance de saillans et de rentrans moins considérables, mais d'une assez grande étendue pour donner lieu à des subdivisions de golfes et de littoraux, dans chacune desquelles nous passons successivement en revue tout ce qui caractérise la lisière des terres que nous côtoyons.

Une nouvelle exploration aérienne nous fait découvrir quels sont les reliefs et les lignes de partage d'eaux qui établissent les limites des divisions hydrographiques. Nous parvenons ainsi et à rattacher aux grands massifs de montagnes les faîtes et les sommités qui sont des parties d'une même suite ou d'un même système d'inégalités, et à reconnaître un réseau continu d'arêtes dans lesquelles toutes les chaînes de l'Europe se trouvent classées, en raison du rang qu'elles prennent, dans l'ordre des divisions naturelles.

L'importance de ces relations pour l'analyse géographique des superficies terrestres nous a déterminé à joindre à notre carte un tableau orographique uniquement destiné à l'étude de la liaison des montagnes. Une disposition méthodique et régulière facilite dans ce tableau la connaissance des rapports qu'ont entre elles toutes les parties du squelette européen. Sur la carte, au contraire, la répartition géographique des noms de chaînes, la division des mots propres à la désignation des systèmes dont elles ne sont que des parties, et l'espacement, souvent inévitable, des lettres de ces mots pour qu'ils embrassent l'étendue des lignes sinueuses auxquelles ils sont applicables, ne permettent que difficilement d'entrevoir les dépendances successives qui conduisent à une classification propre à soulager la mémoire.

De la connaissance des eaux et des reliefs nous passons à l'examen de l'assiette physique des états. Ici la nécessité de restreindre l'étude des plans à des limites qui ne sont le plus souvent que des lignes de convention, et celle de la subordonner en outre à des considérations de détail, exigent que nous combinions les notions précédemment acquises, de manière à assigner à chaque partie sa vraie place relativement au polyèdre physique et politique dont elle est une face. C'est de ces considérations que dérive ce que l'on entend par la théorie du terrain, connaissance indispensable à l'ingénieur et au militaire, et qui sera l'objet spécial de notre dernier essai.

Nous nous sommes bornés, quant à la statistique, à dresser des tableaux comparatifs de l'étendue, de la population et des revenus de tous les états de l'Europe, d'après des élémens extraits des ouvrages de M. Hassel (1). De plus amples renseignemens n'ap-

_____

(1) *Statisticher Umriss der sämmtlichen europäischen*, etc. Weimar, 1823.

partiennent point à une introduction. On a d'ail
leurs, pour cette branche des connaissances géographiques, un ouvrage que nous considérons comme
classique : c'est celui de M. Bisinger, professeur de
statistique à Vienne (1).

Deux auteurs allemands nous ont précédé sur la
route que nous parcourons dans le présent essai :
ce sont MM. Kunz et Hahnzog, tous deux professeurs
de géographie, le premier à l'école militaire de Bruns-
wich, le second à celle de Magdebourg. L'ouvrage
de celui-ci est très-remarquable par le talent tout
particulier avec lequel y est exposé ce qui con-
cerne les montagnes et les eaux : nous nous faisons
un devoir de déclarer ici qu'il nous a été très-utile.
Quant à la première production, ce n'est qu'une
esquisse où l'on ne trouve guère que les noms des
lignes qui en dessinent les contours (2).

Notre ouvrage ne ressemble ni à l'un ni à l'autre
de ces deux traités. Il est possible qu'on y trouve
des rapports moins éloignés avec le *Journal de géographie générale*, rédigé par M. Hoffmann (3), qui,

---

(1) *Vergleichende Darstellung der Grundmacht oder der Staatskräfte*
aller europäischen Monarchien und Republiken. Pesth et Vienne, 1823.

(2) Voyez : *Versuch eines Handbuches der reinen Geographie als*
Grundlage zur höheren militar Geographie. Stuttgart et Tubingen, 1812.
Et *Lehrbuch der militar Geographie von Europa.* Magdeburg, 1820.

3) *Zeit Schrift fur der allegemeine Geographie*, etc. Breslau, 1823 et
années suivantes.

ainsi que nous, s'est formé sans doute à l'école des Lacroix, des Zeune, des Ritter, des Müller, des Gomez. Dans ce recueil, destiné à composer un cours complet de géographie, les divisions naturelles du globe, ou l'orographie et l'hydrographie, sont, comme dans nos *Essais*, les bases fondamentales de l'enseignement. Un autre point de contact s'offre dans la théorie du terrain, dont les principes déri- vent aussi et de l'étude des formes caractéristiques des superficies terrestres, et de la connaissance de l'action, du mouvement et de la direction des eaux sur ces superficies : car nous aurons nous-mêmes l'occasion de constater ces faits dans les développe- mens que nous nous proposons de donner à nos con- sidérations générales sur les configurations ter- restres.

Ce qui distingue particulièrement notre travail, ce sont :

1° Les notions succinctes auxquelles se borne ce que nous croyons utile d'exposer pour établir notre manière d'enseigner ou d'apprendre.

2° Les analyses successives qui nous conduisent à saisir les formes de chaque partie, et l'ordre dans lequel l'assemblage de ces mêmes parties concourt à former un seul tout.

3° Les cartes et les tableaux, dont nous faisons usage pour fixer l'attention sur des contours, des résultats, des rapports, plus essentiels à retenir que les noms de pays et de lieux, présentés sans liaison naturelle dans la plupart des livres dits élémentaires.

INTRODUCTION
A LA GÉOGRAPHIE

PHYSIQUE ET POLITIQUE

DES

ÉTATS DE L'EUROPE.

═══

PREMIÈRE PARTIE.

Considérations générales et divisions naturelles.

─────────────

CHAP. Iᵉʳ. SITUATION, LIMITES, POSITION, CLIMATS, SUPERFICIE, ÉTENDUE.

On donne le nom d'Europe au saillant nord-ouest de la grande bande de terre limitée au nord par l'Océan glacial arctique; à l'ouest, par l'Atlantique; au sud, par l'Océan antarctique; à l'est, par le Grand Océan.

De ce continent, si l'on détache la presqu'île qui, vers le sud, n'y tient que par un isthme, il restera une zone terrestre, étendue en longueur dans le sens des parallèles, et dont les $\frac{4}{5}$ du côté de l'est forment ce que l'on appelle Asie. Les limites naturelles de cette partie, enveloppée au nord, à l'est et au sud par les eaux de l'Océan, sont, à l'ouest : 1° les monts Ourals, qui, du détroit de Vaigatz, se dirigent, dans le sens des méridiens, vers la mer Caspienne; 2° le fleuve Oural, dont le cours est dans le sens longitudinal de la chaîne du même nom; 3° la mer Caspienne jusqu'au cap Apcheron; 4° le faîte du Caucase, de l'est à l'ouest, jusqu'à son extrémité occidentale au midi du golfe du Kouban; 5° la section de la mer

Noire, qui de l'ouverture de ce golfe aboutit à l'entrée du Bosphore de Thrace ou canal de Constantinople; 6° le canal même de Constantinople, la mer de Marmara et l'Hellespont, ou canal des Dardanelles, jusqu'à la mer Égée, dite aussi l'Archipel.

Les îles principales de cette mer qui se trouvent dans la dépendance de l'Asie sont : Ténédos, Mételin, Scio, Samo, Nicaria, Stanco, Scarpanto, Rhodes et Chypre : toutes celles plus à l'ouest appartiennent à l'Europe. Cette partie du monde, ainsi limitée, a sa position mathématique entre les 7° et 83° méridiens comptés de l'île de Fer, et entre les 35° et 72° cercles de latitude; elle se trouve, par conséquent, située en presque totalité dans la zone tempérée septentrionale : car il n'y a qu'une étroite lisière, à peine un douzième, qui déborde le cercle polaire arctique.

Les plus longs jours y sont au solstice d'été, sans avoir égard à la réfraction qui en augmente la durée, de 14ʰ 5o′ par 36° 5ı′ de latitude; de 16ʰ 5o′ par 5o° ; de 24ʰ par 66° 52′, et enfin de deux mois par 69° 44′.

Les climats physiques ne correspondent point, comme les climats mathématiques, à des zones terrestres régulièrement limitées. Nous n'en ferons mention que sous le rapport de quelques généralités.

On en distingue communément trois en Europe.

Le premier s'étend du 35° au 45° parallèle. Relativement à notre position au milieu de la zone tempérée, il peut s'appeler le climat chaud. Les neiges n'y sont pas de longue durée ; les gelées sont peu pénétrantes; les arbres fleurissent en janvier ou février ; l'été commence dès avril ou mai; la chaleur s'élève jusqu'à 33° de Réaumur; les pluies, de quelque durée, ne règnent que depuis octobre et novembre. On n'y connaît guère enfin que trois saisons : un printemps agréable, un été chaud, un hiver court.

Le deuxième climat, dit particulièrement tempéré, comparativement aux deux autres, a ses limites au 55° degré. C'est la patrie du froment et du vin; la vigne n'y est cependant généralement cultivée que dans la moitié méridionale. Les variations de température y ont une marche régulière, graduée, aussi favorable au règne animal qu'au règne végétal. Les chaleurs s'élèvent jusqu'à 26°. Le printemps commence en mars ou avril ; l'été dure de juin à septembre ; l'hiver se fait sentir dès novembre.

Le troisième climat comprend le reste des régions septentrionales. Au-delà du cercle polaire arctique, la nature ne produit aucun arbre : l'art même ne peut rien contre l'engourdissement du sol. Le froid est si considérable, que le mercure gèle dès le mois de septembre. Le soleil demeure trois mois entiers sur l'horizon ; à ce long jour succède une nuit beaucoup plus longue encore, qui n'est éclairée que par le magnifique spectacle des aurores boréales. Un éternel et rigoureux hiver est immédiatement remplacé par un été court et très-chaud, en raison de la présence continue de l'astre du jour.

Plus au sud, cette dernière saison est précédée, en mai ou juin, par quelques semaines de printemps. Peu de végétation naturelle se fait d'abord remarquer. Les grains et les lins parviennent presque partout en maturité.

La superficie de l'Europe est, dans les limites ci-dessus assignées, d'environ 97886 myriamètres carrés (1). Si l'on suppose cette superficie égale à l'unité, dans une telle hypothèse, celle de l'Asie est représentée par 4 entiers et 46 centièmes ; celle de l'Afrique, par 2, 89 ; celle de l'Amérique septentrionale ou de la Colombie, par 2, 52 ; celle de l'Amérique méridionale, par 2, 05 ; celle de l'Australie, par 0, 89. Nous ferons remarquer que cette dernière se trouve, à 11 centièmes près, égale à la surface de l'Europe.

Les plus grandes dimensions de l'Europe peuvent être éva-

(1) Le myriamètre, mesure dont nous ferons usage, est contenu 11 fois et 1/8 dans un degré du méridien. Le rapport de la lieue moyenne avec le même degré est comme 1 est à 22 1/4. Il suffira donc de doubler nos nombres pour avoir des lieues moyennes ou de 2560 toises : celle que l'on appelle proprement horaire en contient 2500.

luées, du sud-ouest au nord-est, c'est-à-dire.du cap Saint-Vincent au détroit de Vaïgatz, à 590 myriamètres, et à 386 du nord au sud vers le méridien moyen, ou plutôt du cap Nord au cap Matapan.

Pour les autres rapports, tant de population absolue que de population relative, nous renvoyons au tableau dans l'angle sud-est de la quatrième feuille de notre carte.

CHAP. II. Des divisions naturelles de l'Europe par les eaux océaniques et par les lignes de partage des eaux a la surface de la terre ferme.

Plaçons - nous, par la pensée, au point d'intersection du 40° méridien, à l'est de l'île de Fer, et du 50° parallèle nord; supposons - nous assez élevés dans les régions de l'air pour embrasser dans son entier tout le tableau des contrées européennes, nous remarquerons :

Que sur plusieurs points les eaux océaniques s'avancent extrêmement dans l'intérieur des terres ;

Que ces empiétemens déterminent différens bassins auxquels, en raison de leur étendue, l'on donne communément le nom de mers ;

Que, par le gisement respectif de ces mers, la masse des terres se trouve, pour ainsi dire, former une immense presqu'île *qui ne figure sur le globe que comme un appendice à l'Asie.*

De part et d'autre de cette presqu'île, où de vastes plaines, des dunes, des falaises, des rochers à pic, des montagnes même, bordent le rivage, le terrain s'élève graduellement au-dessus du niveau de l'Océan, en avançant vers l'intérieur, et présente deux versans généraux qui s'unissent en un même faîte.

Une série continue de hauteurs parmi lesquelles se succèdent sans ordre de hardis obélisques, des ensellemens, des croupes arrondies, des aiguilles gigantesques, des nœuds de montagnes, des dos de pays, particularise ici la principale ligne de séparation, des eaux, disposée comme une digue soutenue par différens contre-forts.

Ce n'est que vers son extrémité sud - ouest que cette ligne présente quelques variétés. Dans la péninsule, où elle se termine, les terres des parties centrales se soutiennent, sur une assez grande largeur, à un niveau fort élevé, qui diminue la hauteur propre du faîte principal. De cette particularité naît ici quelque analogie, quoiqu'en petit, avec les énormes plateaux qui couronnent le centre de l'Asie.

Les eaux courantes sillonnant la surface de l'Europe se partagent donc en deux grandes divisions générales : d'un côté, elles ont toutes une direction nord et ouest ; de l'autre, une direction sud et est. La ligne continue qui en établit la séparation commence à l'entrée de la Méditerranée, et va, du sud-ouest au nord-est, aboutir dans les monts Ourals, vers le 60° parallèle. La superficie de l'Europe est par conséquent divisée en deux versans généraux, l'un océanique, l'autre méditerranéen, dont l'intersection forme la ligne de partage d'eau la plus importante à remarquer pour arriver à une connaissance raisonnée des reliefs de cette partie. En effet, cette ligne est à la charpente de l'Europe ce qu'est le grand dorsal au squelette animal. Avant de nous engager dans une exploration de détail, remarquons bien que cette arête supérieure des deux plans de pente généraux qui déterminent l'assiette physique de l'Europe est dans le sens de la plus grande dimension de cette presqu'île (1).

(1) *En général, la direction des chaines est dans le sens de la plus grande dimension des îles, presqu'îles ou continens qui les renferment,* dit M. Daubuisson, dans son *Traité de géognosie*, tome 1, page 101, et il ajoute : Ce fait, je puis dire ce principe, me parait fondé dans la nature même des choses. En effet, à partir du bord de la mer, le sol des masses de terre s'élève graduellement en avançant vers l'intérieur. Par suite de ce fait, si la masse est allongée, on aura deux grands plans de pente qui se réuniront par leur partie supérieure en une ligne ou faîte dirigé dans le sens de la plus grande longueur. L'élévation du sol, il est vrai, pourra être, d'un des deux côtés, en tout ou en partie, plus grande que de l'autre. Il en résultera alors qu'un versant sera plus incliné que l'autre, et que le faîte présentera

Les arêtes ou chaînes formant le faîte principal en Europe ne sont, relativement à l'ensemble de la charpente du globe, qu'un contre-fort de la dorsale océanique, constituant, du nord au sud, la division principale de l'ancien continent. Nous devrions, d'après ce rapport, en nous laissant guider par l'analogie ci-dessus établie avec le squelette animal, appliquer à cette ligne ou arête principale le nom de costale, et ajouter à cette dénomination l'épithète d'océanico-maritime, afin de caractériser l'importance géographique de ce partage d'eau. Cependant, comme ce faîte est le prolongement occidental des arêtes dorsales océaniques par lesquelles est traversée l'Asie de l'est à l'ouest, nous lui conservons aussi la qualification de dorsale; mais nous la différencions en y ajoutant un terme adjectif propre à la déterminer, et c'est, dans ce cas, celui d'*océanico-maritime* ou de *péninsulaire*.

Si nous recherchons ensuite quelles sont les arêtes secondaires du polyèdre européen par lesquelles sont partagés les

des inflexions et des sinuosités; mais il sera toujours dans son ensemble parallèle à la longueur de l'île, et il sera, toutes choses égales d'ailleurs, d'autant plus long que la longueur de l'île sera plus grande par rapport à sa largeur. Si les deux dimensions étaient égales, et par conséquent si l'île approchait de la forme circulaire, la masse du terrain présenterait une figure conique plus ou moins tronquée, et le faîte pourrait n'être qu'un point. Ce fait se voit effectivement dans quelques petites îles de peu d'étendue, et qui ne forment en quelque sorte qu'une montagne isolée au milieu des mers. Mais le fait général que la direction des chaînes est parallèle à celle de la masse de terrain qui les renferme se voit continuellement à la surface de la terre ferme : c'est ainsi que, dans la presqu'île italienne, le faîte des Apennins est tout-à-fait parallèle aux côtes de la mer ; que, dans la contrée allongée formant le sol de la Scandinavie, les chaînes du Dovre-field et du Lang-field, qui longent toute la contrée, ont la même direction qu'elle. Les Cordilières des Andes présentent d'une manière remarquable le même parallélisme entre leur faîte et la longueur du nouveau continent. Dans l'ancien, en faisant abstraction de l'Afrique, le système général des montagnes, c'est-à-dire la grande bande élevée dont nous avons parlé, a une même direction que le continent, et les chaînes qui lui sont perpendiculaires ou obliques peuvent être regardées comme d'énormes rameaux ou bras qu'elle pousse à droite et à gauche.

deux grands versans généraux ci-dessus reconnus, nous trouverons que, d'un côté, celui du nord et de l'ouest, l'Océan
glacial arctique et la Baltique, la Baltique et l'Océan Britanno-Scandinave, celui-ci et l'Océan Hispano-Britannique (1),
sont séparés par des lignes de faîte formant les contre-forts
du rempart commun et continu auquel s'appuient, d'une
part, toutes les régions européennes dont l'exposition générale
est nord et ouest; de l'autre, toutes celles faisant face au sud
et à l'est. Nous trouverons encore que, de ce dernier côté, la
mer Caspienne et la mer Noire, la mer Noire et la Méditerranée centrale (c'est-à-dire l'Adriatique supérieure et inférieure,
ainsi que l'Archipel, y compris la mer de Marmara), la Méditerranée centrale et la Méditerranée inférieure, ont des sépa-
rations analogues aussi adhérentes à l'arête principale. Nous
voici donc conduits à reconnaître un deuxième ordre de hauteurs, établissant huit divisions naturelles entre les mers intérieures et extérieures de l'Europe. Nous donnerons à ces arêtes
secondaires le nom de costales, comme se détachant de la
dorsale, et à cette dénomination nous ajouterons celle de
maritime, attendu qu'elles séparent des bassins portant le
nom de mer (2).

En continuant notre examen avec le même esprit de méthode, nous remarquerons que, par la configuration de leur

(1) On ne devra pas s'étonner de l'emploi fréquent que nous faisons des
noms de la géographie ancienne pour désigner les littoraux et les bassins
maritimes. La division du globe en ses régions naturelles ne nous a permis
de nous servir, pour cet objet, ni des qualifications établies par les cercles
de la sphère, ni des dénominations politiques ou civiles, ne correspondant
pas parfaitement aux parties que nous avions à individualiser. Dans les limites bien moins certaines des divisions anciennes, nous avons trouvé une
latitude dont nous avions besoin, et l'avantage de faire sans cesse des rapprochemens utiles aux progrès de l'instruction.

(2) Les mers sont parfois limitées au-delà du littoral de la terre-ferme par
une ou plusieurs îles dont le faîte n'est dans ce cas que la reprise d'un partage d'eau interrompu par des détroits. De leur situation au-delà de la mer,
ces continuations de costales prennent le nom de *précostales transmarines*
(la Grande-Bretagne, la Sicile).

bassin, les mers intérieures se prêtent à d'autres subdivisions géographiques déterminées ou par de grands enfoncemens, tels que bras de mer, golfes, baies, ou par des empiétemens, comme presqu'îles, promontoires, caps, îles même. Les eaux courantes tributaires de ces récipiens particuliers sillonnent, en effet, des parois dont la liaison et la disposition réciproques constituent des enclaves d'un troisième ordre assez remarquables pour établir de nouvelles divisions naturelles.

CHAP. III. PÉRIPLE DE LA PRESQU'ÎLE EUROPÉENNE, OU NAVIGATION AUTOUR DES CÔTES DE CETTE PARTIE DU MONDE.

OCÉAN GLACIAL ARCTIQUE EUROPÉEN.

Revenant à nos huit parties principales, et prenant place au détroit de Vaigatz pour faire, par une navigation côtière, la reconnaissance géographique des versans maritimes de la presqu'île européenne, nous verrons que l'Océan glacial arctique présente sur le versant septentrional de cette partie du monde un grand envahissement qui, par son gisement, donne lieu à trois subdivisions principales.

Océan septentrional d'Arkhangel. La première, à l'est, est l'océan septentrional d'Arkhangel, renfermant les golfes de Petchora et de Tchesk. Celui-ci est déterminé par la presqu'île de Kanin et par une espèce de promontoire qui le sépare du précédent; celui-là n'est guère qu'une anse au fond de laquelle débouche la Petchora, fleuve traversant un pays bas, couvert de forêts, et presque inhabité. Les côtes en dehors de la circonscription des deux parties rentrantes forment trois littoraux qui prennent des dénominations particulières, et de leur position relative, et des contrées dont ils sont des dépendances : de là nous avons les noms de littoral *oriental, médian* et *occidental* d'Arkhangel.

Mer Blanche ou d'Arkhangel et de Laponie. La deuxième subdivision de l'Océan glacial arctique est formée par la mer Blanche, ou d'Arkhangel et de Laponie, dans laquelle trois grands versans sont à examiner. Sur celui qui fait face au nord-ouest, trois golfes fixent nos regards : ce sont ceux du Mezen, de la Dvina et de l'Onéga. Le premier est précédé d'un littoral formant le pied occidental des monts dans la presqu'île de Chemokonskiva. Entre ce même golfe et le deuxième, règne une pente côtière sillonnée uniquement par des cours d'eau de peu d'étendue, qui prennent naissance au-dessous des affluens inférieurs du Mezen et de la Dvina, pour se rendre directement à la mer. Les noms de littoral occidental de Chemokonskiva, et de littoral nord-ouest d'Arkhangel, sont ceux qui conviennent à ces rivages, en raison de leur position relativement aux régions dont ils font partie.

Le versant occidental de la mer Blanche peut être considéré comme composé uniquement de deux parties, méridionale et septentrionale, qui constituent les parois occidentales des golfes d'Onéga et de Kandalask. Entre ces deux golfes, dont les ouvertures et les enfoncemens sont en regard, le Vig, le Kiatm et la Kovda, servent d'écoulement aux lacs Vigo, Sego et Ando par le premier fleuve; aux lacs Niouk, Kounto et autres supérieurs par le second; et enfin aux lacs Topo, Kitka, Pija et Kovda par le troisième.

Les pentes orientales du golfe de Kandalask appartiennent au versant septentrional de la mer Blanche, lequel comprend en outre trois autres subdivisions établies par le bassin particulier du fleuve Panoï et par les deux pentes cotières situées l'une au sud, l'autre au nord du cours inférieur de ce fleuve. Au pied de celle-ci est le littoral oriental de la Laponie russe; au pied de celle-là règne le littoral méridional de la même contrée. Les lacs Jmandra et Kombo, quelques mois seulement de l'année libres de glaces, la Varsonga et le Panoï, dont le cours entier se dirige vers l'est, rassemblent dans les trois premières enceintes la majeure partie des eaux qui se rendent à la mer Blanche.

La troisième subdivision principale de l'Océan glacial arctique européen (l'océan septentrional de Laponie) nous donne, par sa configuration, trois subdivisions secondaires à reconnaitre. Celle à l'est est déterminée par le littoral septentrional de la Laponie russe, lequel s'étend du cap Sviatoï jusqu'aux iles Gravulovs : les parties extrèmes de cette pente

Océan septentrional de Laponie.

sont sillonnées, vers le bord oriental, par l'Ekongha ; vers le bord occidental, par la Varonja. Vient ensuite une grande anse réunissant les deux golfes contigus de Kola et de Varanger. Dans ce dernier verse le Patsjocki, fleuve par lequel s'écoule le lac d'Enara : le premier reçoit les eaux du lac Noto ou Kola par la rivière de ce même nom. Au-delà de ces enfoncemens de l'Océan dans les terres, nous trouvons une partie de littoral, celui du Finemarck ou de la Laponie norwégienne, se prolongeant jusqu'au cap Nord dans l'île Margeroë. La Tana et le golfe du même nom y sont à remarquer.

OCÉAN ATLANTIQUE BORÉAL EUROPÉEN.

Océan Britanno-Scandinave.

SECTION NORD-EST.

Océan Scandinave. Passant présentement dans l'Océan Atlantique Boréal Européen, nous en explorerons d'abord la partie orientale, l'océan Britanno-Scandinave. À cet effet, nous longerons les côtes de l'océan Scandinave, rangeant à notre gauche l'Alten et autres fleuves d'un cours moins étendu ; puis le golfe occidental formé par les îles Lofoden, à l'extrémité desquelles se trouve le prétendu gouffre, ou plutôt courant, qu'on nomme le Maelstrom. La seule chose que nous ayons à faire remarquer, pour ce versant, est que son littoral se trouve, de même que toutes les côtes de la presqu'île Scandinave, déchiré par une quantité innombrable d'arrachemens dont les principaux portent, avec une désignation locale, la dénomination commune de fiord, mais que ces fiords ou golfes reçoivent des fleuves, ou plutôt des torrens qui, pour la plupart, ont leur cours supérieur dans des directions opposées les unes aux autres, et assez généralement parallèles au faîte de la chaîne principale. Nulle autre particularité ne méritant d'être mentionnée, nous entrons dans la mer dite du Nord, que nous nommons Britanno-Scandinave.

Mer Britanno - Scandinave, dite du Nord. La côte orientale de cette mer (le littoral Scandinave occidental) nous conduit au Godan, espèce de manche ou de canal coudé contournant les côtes méridionales de la presqu'île Scandinave : la première partie de ce canal porte le Codan : Skager-Rack et Cattégat. nom de Skager-Rack; la seconde, celui de Cattégat. Sur la pente nord-ouest du Skager-Rack, nous apercevons le Torridal ou Fïagen, le Nid, le Mandal, le Louven, le Drammen, toutes rivières qui traversent des lacs parmi lesquels nous ne citerons que le Randsfiord et le Tyrifiord. Le Glommen, qui reçoit les eaux du Lougen unies à celles du lac Mjosen, et la Clara, mêlant ses eaux à celles du lac Fæmund, puis à celles du lac Wenern, le plus grand de toutes ces contrées, doivent être considérés, par le fléchissement de leur cours inférieur vers le sud-ouest, comme appartenant à la pente orientale du Cattégat. La Gota, rendue navigable au moyen du canal Trollhætta, n'étant que le conduit par lequel les eaux du lac Wenern se rendent à la mer, nous n'en parlerons pas autrement. Sur les revers des pentes que sillonnent le Tidan et la Noss, rivières fort remarquables par leur direction, ici toute particulière, du sud vers le nord, nous citerons encore le Falkenberg, la Nissa et la Laga, appartenant à la pente côtière par laquelle se termine le versant oriental du Cattégat.

Mer Baltique.

A l'extrémité sud-est du canal du Codan, tenant à notre droite l'île Sééland, nous nous engageons dans le passage du Sund, l'une des trois entrées (celle à l'est) de la mer Baltique. Le premier littoral que nous remontons à gauche appartient à la Baltique méridionale; c'est celui près duquel habitaient Baltique méridionale. autrefois les *Hilleviones* et les *Suiones* (1). Le Morruman, le Lyckaby et l'Emm, rivières principales de sa partie méridionale, et les lacs Wettern, Hilmar, Malar, dans sa partie septentrionale, méritent de fixer l'attention par les communications naturelles et artificielles qu'ils établissent de l'intérieur avec la mer.

Au-delà du détroit occidental des îles d'Aland, nous entrons Baltique septentrionale. dans le golfe de Bothnie, où nous faisons voile d'abord, du

(1) Peuples de la Suède méridionale.

Golfe de
Bothnie.

sud au nord, en vue des terres de la Suède, ensuite, du nord
au sud, en vue de celles de la Russie. Les pentes occidentales
de ce golfe sont coupées par un grand nombre de rivières et
torrens : le Dal, la Liusna, la Niurunda ou le Liugan, l'In-
dals, l'Angermann, l'Umea, le Vindel, la Skelleftea, la Pitea,
l'Uléa occidentale, le Kalix et le Torneo. Sur le versant oriental, trois seulement ont assez d'importance pour être nommés, savoir : le Kémi, l'Uléa orientale et le Kumo ; ce dernier
sert d'écoulement aux lacs Palkaneenvesi, Langelmavesi et
Nasijarvi. Franchissant le passage oriental nommé le Skiftet,
et tournant à l'est, nous nous engageons dans le golfe de
Finlande, constituant avec le précédent ce que nous appelons la *Baltique septentrionale*. Ce bassin est le récipient
commun d'une quantité innombrable de lacs la plupart com-
muniquant entre eux.

Golfe de
Finlande.

Sur le versant nord du golfe de Finlande, il faut distin-
guer : à l'ouest, le lac Paijane, s'écoulant par la rivière Kym-
mène ; à l'est, le Saïma, formé par un amas d'eaux sauvages
couvrant presque toute la partie supérieure, et descendant
vers le sud pour s'épancher par la rivière Voxa dans le lac Ladoga. Celui-ci, qui est situé sur le versant oriental, est le lac
le plus considérable de la presqu'île européenne : il réunit
presque toutes les eaux dont il est environné, et reçoit même,
par le Svir, celles du lac Onéga, autre bassin d'une grande
étendue et sans communication avec le fleuve du même
nom. Sur les rives méridionales de ces deux lacs, d'une navigation difficile et dangereuse, sont à remarquer les canaux
par lesquels, dans leur cours inférieur, le Volchov, le Sjas
et la Vitegra se trouvent en communication avec la Neva.
On doit considérer comme appartenant à ce même versant
oriental le lac Ilmen, situé plus au sud, où il reçoit les eaux
des rivières Lovat, Pola et Msta. L'écoulement commun de
toutes ses eaux dans le Ladoga se fait par le Volchov.

Le versant sud est entrecoupé par la Louga, qui a son embouchure au nord de celle de la Narva : cette rivière sert de
décharge aux lacs Peïpous et Pskov, différenciés l'un de l'au-

tre, bien que ne formant qu'un même bassin. La Vélikaïa
se rend dans celui-ci ; l'Embach, dans celui-là. Le lac Virtz-
Erve, aussi traversé par la dernière, la fait diviser en grande et
en petite Embach, c'est-à-dire en inférieure et en supérieure.

Entre les îles Dagoe et d'OEsel, à la sortie du golfe de Finlande, et la terre-ferme, que nous tenons toujours à notre
gauche, nous passons le Sund d'Esthonie, dans la dépen- Baltique mé-
dance de la Baltique méridionale. Le golfe des Estiéens, ou ridionale.
de Livonie, est immédiatement devant nous ; son peu d'éten- Golfe de Livonie.
due nous dispense d'y entrer pour en explorer séparément les
différentes pentes. D'une même station nous remarquons la
Pernau, formée des deux petites rivières Fenara et Fellin,
l'Aa livonienne, la Duna et l'Aa courlandaise, ou la Svola,
ayant pour ainsi dire avec les deux précédentes une seule et
même embouchure.

Au cap Domes, formant un nouveau détroit avec la pointe
la plus méridionale de l'île d'OEsel, nous abordons le littoral
des Vénèdes, aujourd'hui celui de la Courlande et de la Prusse
orientale, partagé en deux parties par le bassin particulier du
Vindau, et par la pente des rivières côtières descendant sur
le revers occidental de ce fleuve. Plus au sud, nous trouvons
la mer des Vénèdes, ainsi désignée en raison de son ouverture Mer des
et de son enfoncement, et d'après le nom des peuples qui en Vénèdes.
habitaient les bords ; le Kurisches-Haff, le Frisches-Haff et le
Putziger-Wick, formant ici des lagunes (1) très-remarquables
par les barrages naturels qui en protégent l'enceinte. Dans le
premier, le Niémen ou Memel, grossi de la Vilia et de la Sches-
chuppe, porte le tribut de ses eaux. Dans le second, débouche,
à l'est, le Pregel, formé de l'Inster et de l'Angerapp ; au sud,
une partie des eaux de la Vistule, d'abord par le bras oriental appelé Nogat, ensuite par une nouvelle dérivation est du

(1) Quelquefois les eaux d'un ou de plusieurs fleuves ou rivières, avant
de s'écouler dans la mer, s'épanchent sur un rivage plat, peu profond, et
offrent à leurs embouchures des espèces de golfes, qu'à tort on a nommés
lacs, et qu'il faut désigner par le nom de *lagunes*. (Walckenaer, *Cosmolo-
gie*, p. 112.)

canal principal, lequel, en tournant à l'ouest, atteint immédiatement le littoral de la Baltique. Le troisième ne reçoit que
des cours d'eau ayant leur origine à peu de distance du rivage.

De la mer des Vénèdes, nous cinglons vers l'ouest, et nous
passons devant les plages habitées anciennement par les Teu-
tons (1), peuple voisin des Cimbres, établis à la même époque
dans la presqu'île Cimbrique (2). Jusqu'aux îles Wollin et Usedom, qui de la mer Baltique séparent une lagune nommée le
Pommersches-Haff, nous n'apercevons que des rivières côtières, dont les plus considérables, la Persante et la Rega, vers
l'extrémité occidentale, n'ont guère au-delà de 15 à 18 myriamètres de longueur. Au sud-ouest de la dernière, nous découvrons le lac ou plutôt l'estuaire (3) de Damm, qui n'est qu'un
élargissement de l'Oder, précédant l'épanchement de ce fleuve
dans le Pommersches-Haff, en communication avec la mer
par trois bouches entre la terre-ferme et les deux îles Wollin et
Usedom. De la passe occidentale (l'Achter-Wasser), en faisant
route de manière à côtoyer la grande île Rügen, peu distante
du littoral, nous laissons au sud de cette île un enfoncement
nommé Ruger-Bodden, et nous remontons au nord, à l'effet
de doubler le cap Arcona. A cette hauteur, prenant direction
vers l'ouest, nous allons mouiller dans les eaux de la petite île
Femern, près d'un promontoire déterminant, par son gisement et par celui du rivage en vue des côtes du sud, un vaste
golfe, au fond duquel sont à remarquer les canaux d'Oden-
see et de Steckenitz favorisant une navigation intérieure. Un
autre canal vers l'ouest, celui de Kiel ou de l'Eider, nous ouvre une communication directe avec la mer Britanno-Scandinave; mais le but que nous nous sommes proposé nous fait
regagner le Sund par un retour au nord-est, en passant devant

(1) Celles de la Prusse occidentale ou de la Poméranie.
(2) Le Jutland.
(3) Les fleuves et les rivières ont souvent des embouchures tellement
évasées, que l'eau y pénètre par le flux, et qu'elles ressemblent à un golfe
allongé : on donne le nom d'*estuaires* à ces sortes d'embouchures (Walckenaer, p. 111).

les îles Laaland, Falster et Moen. Au nord de la dernière, notre exploration de la Baltique se trouvant terminée, nous franchissons de nouveau l'issue par laquelle nous y sommes entrés, et nous poursuivons l'examen de l'océan Britanno-Scandinave.

Océan Britanno-Scandinave.

SECTION SUD-OUEST.

Les côtes septentrionales et orientales du Codan nous sont déjà connues ; la reconnaissance de cette manche de la mer Britanno-Scandinave se réduit donc à en visiter les rives opposées. Nous passons, à cet effet, au nord des îles Sééland et Funen (Fionie). Entre ces îles, nous apercevons un canal assez large nommé le Grand-Belt ; et, plus à l'ouest, entre la seconde et la terre-ferme, un autre passage moins spacieux auquel, par cette raison, l'on donne le nom de Petit - Belt. Après avoir observé ces deux entrées, nous remontons au nord. La côte orientale de la presqu'île Cimbrique ne nous offre à citer que le fleuve Guden et le Lymfiord, espèce de baie fort remarquable en ce qu'elle s'enfonce presque jusqu'à la côte occidentale, où elle ne laisse qu'une langue de terre très-étroite : elle sépare ainsi la presqu'île en deux parties différenciées en septentrionale et en méridionale. Le cap Skager, au nord du Lymfiord, signale notre entrée dans le Skager-Rack, où aucune observation ne saurait nous arrêter.

Après un assez court trajet par le sud - ouest, nous changeons notre direction en celle du sud, pour achever le périple de la presqu'île Cimbrique, et prendre ainsi connaissance du Stavning ou Ring-Kioping-fiord, ainsi que du fleuve Eyder en communication avec le canal de Kiel. L'extrémité sud de ce littoral occidental est marquée par l'embouchure de l'Elbe, grand fleuve dont les affluens inférieurs à sa rive droite coulent sur le revers des pentes côtières du littoral teutonique.

De l'embouchure de l'Elbe nous passons immédiatement à celle du Weser. Nous sommes dès-lors sur les côtes méridionales de la mer Britanno-Scandinave. Ces plages sont, comme

Mer Britanno - Scandinave, dite du Nord.

les précédentes, bordées d'une suite continue de petites îles en trop grand nombre pour que nous en fassions l'énumération.

Les divisions principales du rivage que nous côtoyons, en nous portant vers l'ouest, sont ici marquées par le **Weser**, fleuve formé de la réunion de la Werra et de la Fulda ; par le golfe Jahde, recevant les eaux d'une petite rivière côtière dont il prend le nom ; par l'entrée du fleuve Ems, laquelle présente, au sud, un élargissement appelé le Dollart ; enfin par le Zuider-sée, grand golfe de trente-trois myriamètres carrés, séparé de l'Océan par des îles, dont une seule, celle de Texel, laisse entre elle et la terre-ferme un détroit praticable pour de grands bâtimens. Le Zuider-sée et le Dollart, formés par une irruption soudaine des flots au commencement du 13e siècle, faisaient auparavant partie d'un pays couvert de belles prairies, et bien peuplé.

Au-delà de l'île Texel, nous avançons vers le sud. Là, tout atteste les grandes dégradations amenées par les attérissemens et par les eaux de l'Océan. Le Rhin, le quatrième des fleuves de l'Europe d'après la longueur de son cours, n'est reconnaissable que par l'un de ses bras, auquel on a conservé le nom de Vieux-Rhin ; les autres bras, presque anéantis par la division des eaux, aboutissent, sous différentes dénominations, et dans le Zuider-sée et dans la Meuse.

Les bouches de la Meuse et de l'Escaut offrent à nos regards de grandes îles divisées par de larges baies s'avançant profondément dans les terres : une telle circonstance se trouve particularisée par le nom même de Zélande, qui signifie terre de mer. Dans ces basses contrées, où le génie de l'homme impose des limites à l'envahissement des flots, les bassins côtiers du Zuider-sée et de l'Escaut peuvent à peine être isolés de ceux de la Meuse et du Rhin.

Le canal Belgico-Britannique dans lequel nous nous trouvons engagés depuis que nous sommes entrés dans les eaux de l'Escaut, se termine, au sud, par le Pas-de-Calais. Sur le versant occidental de ce canal, nous apercevons la Tamise débouchant dans un golfe auquel elle donne son nom ; ce golfe est situé entre deux pentes côtières de peu d'importance.

Plus au nord nous rangeons à notre gauche, sur le littoral
britannique, le golfe de Wash recevant les eaux de l'Ouse
méridionale; l'estuaire de l'Humber, formé par la réunion du
Trent et de l'Ouse septentrionale; le Tweed, dont le cours
inférieur fait partie de la limite entre l'Angleterre et l'Écosse.

Sur les côtes de la Calédonie, nous passons successivement
en revue les golfes de Forth, de Tay, de Murray, de Dornoch.
A la hauteur du cap Duncansby, nous doublons les îles Or-
cades, à l'effet d'éviter le dangereux détroit de Pentland. En
vue de l'île Fair, la plus méridionale des îles Schetland, nous
tournons à l'ouest, et, dans le même moment, nous sortons
de la mer Britanno-Scandinave.

Océan Hispano-Britannique.

Les groupes d'îles qui portent les noms de Fœroer et de
Schetland nous indiquent, dans l'océan Atlantique boréal
européen, la limite entre l'océan Britanno-Scandinave et l'o-
céan Hiberno-Calédonien. L'Islande, où aboutit le prolongement de cette démarcation, devant être considérée, par sa
position, plutôt comme dépendant de l'océan oriental du
Groënland que comme relevant de l'océan Britanno-Scandinave, lorsque nous tiendrons les îles Fœroer, au nord, nous
redescendrons vers le sud, à l'effet de visiter les côtes de
l'océan Hiberno-Calédonien.

Nous reconnaîtrons d'abord les îles Hébrides, à l'est des- Océan Hi-
quelles se trouve un canal portant les noms de Grand-Minsh berno-Calé-
et Petit-Minsh, qui différencient les deux parties au nord et donien.
au sud du détroit formé par les îles Skye et Nord-Vist.

Au midi des Hébrides s'ouvre à notre gauche une espèce
de manche dite canal Hiberno-Calédonien, ou du Nord. Ses
rives orientales sont profondément découpées par les golfes
de Lynn, de Jura et de Clyde. Entre les deux premiers se
trouvent les îles de Jura et d'Ila; à l'entrée du troisième, il
faut remarquer celle d'Arran. Les côtes occidentales offrent
à nos regards la baie de Belfast et le golfe de Foyle.

Le périple de la côte occidentale de l'Hibernie ou de l'Irlande nous fait prendre successivement connaissance des golfes ou baies de Swilly, de Donégal, de Sligo, de Clew, de Galvay; au midi de cette dernière, nous apercevons l'estuaire du Shannon, fleuve principal de l'Irlande; plus au sud encore, nous remarquons en outre les baies de Dingle, de Kenmare et de Bantry, entre les pointes des presqu'îles par lesquelles se termine le même littoral.

Océan Verginien. Au-delà du cap Mizen, nous entrons dans le canal Hiberno-Britannique, ou de Saint-Georges. Jusqu'à la pointe de Carnsord, nous n'explorons que des pentes sur lesquelles descendent seulement quelques rivières côtières. Sur le versant oriental de l'Irlande, nous découvrons, à la hauteur de l'île de Man, les baies de Dundalk et de Strangfort.

De ces parages passant sur la côte occidentale de l'Angleterre, les golfes de Solway, de Morecambe, de Dée, de Cardigan et de Bristol ou de la Severne, fixent notre attention. Entre le troisième et le quatrième se trouve l'île d'Anglesea, qui n'est séparée de l'Angleterre que par le canal de Menai, praticable seulement pour de petits bâtimens.

Au sud du canal de Bristol, notre navigation se continue par le sud-ouest. Avant d'atteindre la hauteur des îles Sorlingues ou Scilly, nous doublons les caps Land's-End et Lizard, à l'effet de nous engager dans le canal Gallo-Britannique, ou de la Manche. La côte septentrionale, que nous longeons d'abord, a son gisement ouest et est. Elle ne nous offre de remarquable, jusqu'au Pas-de-Calais, que l'île de Wight, située vers le milieu de ce littoral, dont elle n'est détachée que par le détroit de Solente, qui a depuis une jusqu'à deux lieues et demie de largeur.

Sur le littoral méridional, nous côtoyons de suite une pente côtière où la Somme est la rivière principale. Plus à l'ouest, nous entrevoyons une anse fort large où s'offrent à nos yeux l'embouchure de la Seine, celle de l'Orne, et les rochers du Calvados. Cette anse est déterminée, à l'ouest, par une péninsule au-delà de laquelle sont les îles d'Aurigny, de Guernesey et de Jersey. Au midi de ces îles se trouve un autre rentrant du littoral, celui d'Avranches, précédant la côte droite par laquelle se termine le canal de la Manche.

En virant au sud, à l'issue du canal, nous mouillons dans les eaux de l'île d'Ouessant; nous passons ensuite en vue des deux baies de Douarnenez et d'Audierne. Cette dernière se termine, au sud, par la pointe de Pennemarch. Au-delà de cette pointe, nous faisons voile vers le sud-est pour visiter la mer occidentale des Gaules, dite golfe de Gascogne ou de Biscaye.

Sur le littoral de l'Aquitaine, nous voyons descendre des monts d'Arrées le Blavet. Au-delà de l'embouchure de cette rivière, nous passons devant les lagunes du Morbihan, parsemées d'îles entre lesquelles se répandent les flots amenés par les marées. **Mer occidentale des Gaules, dite golfe de Gascogne ou de Biscaye.**

Après avoir débordé les rochers escarpés qui protégent Belle-Ile-en-Mer, nous nous dirigeons vers la baie de Bourg-Neuf et l'île de Noir-Moutier, en évitant les bancs de sable par lesquels sont obstruées les rades à l'embouchure de la Loire, fleuve qui a près de 100 myriamètres de cours.

De l'embouchure de la Loire à celle de la Gironde, nous aisons route au sud. Les pentes sur l'Océan ne sont, dans ce court trajet, que des parois d'une enceinte côtière dont les deux faces principales, unies en une section commune, s'écartent l'une de l'autre à mesure qu'elles avancent vers les embouchures des deux fleuves extérieurs. Ces pentes sont sillonnées par la Sèvre-Niortaise et par la Charente, rivières dont les entrées se trouvent masquées par les îles de Ré et d'Oleron. Entre la terre ferme et la première au nord se trouve le pertuis Breton; la passe entre celle-ci et la seconde porte le nom de pertuis d'Antioche. On appelle pertuis de Maumusson le chenal entre l'île d'Oleron et la rive gauche de l'embouchure de la Seudre.

Non loin de ces parages, la tour de Cordouan signale l'entrée de la Garonne, dont l'embouchure forme un grand *estuaire* connu sous la dénomination particulière de Gironde.

Les Landes, vaste étendue de sables et de marais parsemée

de quelques tristes forêts de pins et de sapins, ou couverte de sombres bruyères, remplissent, de la Gironde à l'Adour, les dernières pentes à explorer sur le littoral de l'Aquitaine. Elles ne présentent, pour ainsi dire, qu'un seul et même talus; les maigres filets d'eau qui s'y fraient un passage se rendent tous à la mer dans des directions à très-peu près perpendiculaires à la côte.

Où débouche l'Adour commence le littoral cantabrique, arrosé par une multitude de petites rivières côtières profondément encaissées dans un sol extrêmement inégal, n'offrant de plaines, toujours fort peu étendues, qu'aux lieux où des brisures voisines, qui facilitèrent jadis l'écoulement d'eaux captives, mirent à sec des lagunes de montagnes.

Océan Lusitano-Callaïque.

De la mer occidentale des Gaules, nous passons dans l'océan Lusitano-Callaïque, et, doublant de suite les deux caps Ortégal et Finistère, au - delà de celui-ci nous nous dirigeons vers le sud, passant successivement en revue le Minho, le Duero et le Tage, fleuves par lesquels arrivent dans l'Atlantique presque toutes les eaux qui du côté du sud et de l'ouest descendent des monts Cantabres et de la chaîne Ibérienne.

Mer Lusitano - Mauritanienne, ou golfe de Cadix.

Après le cap Saint-Vincent, baigné au sud par les flots de la mer Lusitano-Mauritanienne, nous dévions à l'est vers le littoral Bétique occidental, qu'ici nous devons tenir en vue pour gagner le détroit de Gibraltar. Nous remarquons le Guadiana et le Guadalquivir, qui, tout en descendant de deux versans presque opposés, trouvent sur un sol légèrement ondulé, et dans une région voisine des nuages, l'origine commune du tribut qu'ils portent à la même mer par des canaux d'abord divergens.

MÉDITERRANÉE.

Méditerranée inférieure.

Mer Hispano-Maur.tanienne.

Les colonnes d'Hercule, ou les monts Abyla et Calpé, signalent notre entrée dans la Méditerranée. Le premier bassin dans lequel nous nous trouvons est celui de la mer Hispano-Mauritanienne. Nous longeons son littoral à gauche; celui de la Bétique orientale, arrosé par des courans parmi lesquels nous ne remarquerons que le Rio Guadalayor et celui d'Almeira. Ce dernier baigne les racines orientales du versant sud de la Péninsule, lequel se termine par le cap Gata.

Ici nous faisons route au nord-est : la mer d'Hispanie et de Sardaigne est devant nous; dans ses eaux nous tenons les îles Pithyuses et Baléares à notre droite, le littoral de la Tarraconaise à notre gauche. Du cap Gata à celui de Creus, les principaux fleuves qui réunissent les eaux de ce versant oriental, le plus chaud peut-être de la presqu'île Pyrénaïque, même dans ses parties septentrionales, sont la Ségura, le Xucar, le Guadalaviar, l'Èbre, le Lobrégat, le Ter et la Fluvia. Mer d'Hispanie et de Sardaigne.

Après avoir doublé le cap Creus, nous nous trouvons dans le golfe méridional des Gaules, dit aujourd'hui de Lyon, du nom d'un ancien château élevé sur ses côtes. Dans l'enceinte arquée qu'il forme, nous remarquons d'abord, au pied des pentes constituant les revers du bassin de l'Aude, les étangs de Leucate et de Sijean, ensuite les rivières de l'Orb et de l'Hérault; puis au-delà de celle-ci les étangs de Thau et de Mauguio, se prolongeant jusqu'au delta du Rhône. L'île de la Camargue, formée par les bras de ce fleuve, connus sous les noms de petit et de grand Rhône, renferme l'étang de Valcares rempli d'une infinité d'ilots. Au-delà du bras oriental sont les étangs de Berre, recevant des eaux provenant des derniers degrés par lesquels le mont Viso étend sa base jusqu'à l'embouchure du Rhône, fleuve dont les ondes se pressent au pied des Cévennes et des Alpes.

Le golfe des Gaules est séparé de celui de Ligurie ou de Gênes par un large saillant, bravant opiniâtrément les ondes de la mer Ligustique. Les presqu'îles et les îles de cette côte escarpée sont réunies sous le nom commun de littoral des îles Stœchades (d'Hyères), ou de la Gaule narbonnaise. Les alluvions du Rhône et du Var, et les attérissemens que favorise le grand promontoire entre ces deux fleuves, opposent, en ces parages, un obstacle insurmontable à l'empiétement de la Méditerranée.

Sur les côtes du golfe de Ligurie, lesquelles prennent à l'ouest le nom de rivière du Couchant, et à l'est celui de rivière du Levant, la Magra, le Serchio et l'Arno sont dans cette dernière partie les seuls fleuves dont il importe de prendre connaissance. Ce dernier, depuis le mont Falterona, où il prend sa source, parcourt, jusqu'au rivage de la mer, la plus belle vallée de l'Italie.

A l'effet de visiter le littoral occidental de la Corse et de la Sardaigne, nous nous portons des bouches de l'Arno au cap Corse. A la hauteur de ce point nous faisons voile vers le sud. Les golfes de Saint-Florent, de Porto, de Sagone où débouche le Liamone, et ceux d'Ajaccio et de Valinco, nous font remarquer combien les côtes de la première île sont dentelées. Après le détroit de Bonifacio, les longues et nombreuses presqu'îles, qui dans la seconde se groupent au massif central, duquel descendent vers le nord le Coquinas, et vers l'ouest l'Oristano, donnent lieu à une semblable observation.

Le cap Teulada, qui détermine l'extrémité de la chaîne de montagnes par laquelle l'île de Sardaigne est partagée en deux versants principaux, l'un à l'ouest, l'autre à l'est, commence le versant méridional, où se trouve le golfe de Cagliari. Le cap Carbonara en indique l'extrémité orientale.

Mer d'Italie et de Sardaigne. — Les eaux, du sein desquelles s'élèvent les îles Serpentaria, sont dans la dépendance de la mer d'Italie et de Sardaigne, que nous devons maintenant explorer.

Dans cette vue nous remontons d'abord au nord. Le Flumendoso et la rivière Liscia sont les courans extrêmes du versant Sarde; ensuite, au-delà du détroit déjà reconnu, le Tavignano et le Golo arrosent les pentes orientales de l'île supérieure.

L'île d'Elbe indique présentement la route qu'il faut tenir pour gagner le rivage tyrrhénien ou toscan. Un Sub-Apennin, détaché de l'Apennin central par les bassins de l'Arno et du Tibre, et divisé en plusieurs branches par l'Ombrone et autres rivières moins importantes, offre à nos regards des groupes de collines et de montagnes s'élevant par degrés jusqu'aux

cimes de a chaîne principale. A leur pied sont , à un niveau
peu élevé au-dessus de celui de la mer, des plaines où les
eaux courartes, faute d'écoulement, se rassemblent çà et là
en fétides marais.

Des rangées de montagnes, mieux ordonnées dans leur
parallélisme avec la côte et avec le faîte de l'Apennin, caractérisent, au-delà du Tibre, les monts antérieurs que l'on désigne ici par le nom de Sub-Apennin romain. Le Salto et le
Liri , le Teverone supérieur et le Sacco forment de hautes
vallées longitudinales , précédées par des coteaux qui se prolongent, du côté de l'ouest, jusqu'à la gauche du Tibre inférieur ; et qui , du côté de l'est, établissent ces files de collines et de dunes par lesquelles les marais Pontins se trouvent
séparés, et du bassin du Sacco, et du littoral de la mer.

Des configurations à peu près semblables se retrouvent au-
delà du Garigliano. Le Volturno et le Sabbato, avant de se
réunir dans un même lit transversal, parcourent de hautes
vallées latérales inclinées directement l'une vers l'autre. Il y
a donc également ici une première terrasse de l'Apennin, et
les rameaux extérieurs qui en bordent l'enceinte établissent
différens étages par lesquels les rivières et torrens des hautes
montagnes descendent au pied des collines volcaniques de la
Campanie (les champs Phlégréens), et de là dans les plaines
où s'élèvent le Vésuve, la Solfatare et le volcan éteint de
Monte-Nuovo.

Sur le littoral de l'Ausonie nos observations se borneront à
remarquer les deux rentrans formés par les golfes de Salerne
et de Policastro. Le Sele ou Silaro, qui débouche dans le premier, est le principal fleuve de cette côte. Le plus considérable
de ses affluens , le Negro, appartient à une vallée toute longitudinale dans laquelle, durant l'espace d'une lieue, les
eaux de cette rivière ont un cours souterrain.

Dans les îles Éoliennes, au nombre de douze, et dont la
principale, celle de Lipari, donne aujourd'hui son nom à
ce groupe, nous remarquerons, au sud-est des îles Strom-
boli et Volcano qui en font aussi partie, le phare ou détroit

de Messine, séparant l'Italie de la Sicile, anciennement nommée Trinacrie, des trois promontoires ou caps qui en déterminent la forme triangulaire.

Des caps Peloro ou Faro à celui Saint-Vito, les cours d'eau qui arrosent les pentes en vue desquelles nous nous trouvons, parcourent des vallées transversales de peu d'étendue, la chaîne de montagnes qui borde le littoral n'étant qu'à une distance moyenne de quatre à cinq myriamètres.

Le mouillage des Ægades situées au nord-ouest de la Sicile est le terme de notre course dans la mer de Sardaigne et d'Italie. Les îles Levenso, Maretimo et Favignana appartiennent à la Méditerranée proprement dite.

Méditerranée centrale.

BASSIN OCCIDENTAL.

Mer de Sicile et de Libye.

A la hauteur du cap Boco, faisant route au sud-est, nous rangeons à notre droite les îles Pantolaria, Gozo, Comino et Malte ; à notre gauche, le littoral méridional de la Sicile où le Balici et le Salso forment le thalweg de deux vallées assez considérables pour ce versant.

Le cap Passaro, comme point extrême de la chaîne commune aux parois méridionales et orientales de l'île, indique que nous devons présentement entrer dans le bassin occidental de la Méditerranée centrale, partagé en deux parties ordinairement différenciées par les qualifications spéciales de mer Ionienne et de mer Adriatique. A ces dénominations nous substituons celles d'Adriatique inférieure et d'Adriatique supérieure : 1.° parce qu'elles établissent mieux la situation relative des deux bassins, comme dépendance d'une même division naturelle; 2.° parce que le nom de mer Ionienne, convenable à la partie méridionale pour les temps antérieurs à l'établissement des Achéens dans le Péloponnèse (Morée), alors Ionie, peut aussi être appliqué aux plages de l'Ionie proprement dite, contrée située sur les côtes orientales de l'Archipel ou de la mer Égée.

La côte orientale de la Sicile a pour rivière principale la Adriatique inférieure ou mer Ionienne.
Giaretta, qui, ainsi que le Salso, prend sa source dans le nœud que font au centre de l'île les trois chaînes, se dirigeant l'une au nord-est, l'autre à l'ouest, et la troisième au sud-est. Entre celle-ci et la première, et au-delà de la Giaretta, nous voyons l'Etna, appelé aussi mont Gibel; l'élévation de ce redoutable volcan, les neiges, les laves et les cendres qui en forment le couronnement, les villes, les bourgs, les villages assis sur ses flancs, la plaine fertile au milieu de laquelle s'enracine l'immense circonférence de sa base, donnent au tableau de cette côte les couleurs les plus vives de la création et de la destruction.

Pour regagner la côte d'Italie au point où nous l'avons quittée, nous nous engageons dans le détroit de Messine, plus redoutable autrefois qu'aujourd'hui par deux écueils qui en rendaient le passage très-difficile; car souvent, pour éviter l'un, on se jetait sur l'autre : ce qui a donné lieu au proverbe *tomber de Charybde en Scylla.* La pointe de Pezzolo est le premier promontoire par lequel nous redescendons le littoral de la péninsule, où, jusqu'au cap Delle-Armi, nous nous portons au sud. A la hauteur de ce point nous quittons le détroit, et jusqu'au cap Sparti-Vento nous faisons voile vers l'est.

Le littoral de la Messapie, que nous abordons alors, n'offre de remarquable que les golfes de Squillace et de Tarente séparés par un groupe de montagnes, du milieu desquelles descend le Neto. La vallée que ce fleuve parcourt est très-resserrée entre les rameaux des deux branches qui, partant d'un nœud commun du faîte de l'Apennin, vont aboutir au cap Rizzuto et à la pointe Dell'Alice. Dans le nombre des fleuves ou torrens dont les eaux versent dans le golfe de Tarente, nous ne ferons mention que du Crati et du Bradano, en raison de la situation de leur cours au pied des parois extrèmes de cette enceinte.

La longue presqu'île par laquelle le golfe de Tarente est Adriatique supérieure (Adriatique proprement dite). abrité des vents du nord-est forme avec le rivage oriental de l'Adriatique le détroit qu'on appelle canal d'Otrante. A la hauteur du cap de ce même nom, nous passons de l'Adriatique inférieure dans l'Adriatique supérieure. La côte occidentale de cette mer nous présente un saillant considérable nommé le promontoire de Gargano. Avant de le doubler nous reconnaissons l'embouchure de l'Ofanto, le plus important des divers fleuves qui se jettent dans le golfe de Manfredonia, déterminé par la petite presqu'île connue sous la dénomination vulgaire d'Éperon-de-la-botte, figurée par les contours de la péninsule italienne. Depuis cet éperon jusqu'au Pô di Primaro, un grand nombre de rivières et de fleuves descendent de l'Apennin : nous distinguons entre autres le Biferno, la Pescara, le Tronto et le Metauro. Entre le Pô di Primaro et le Pô di Volano, que nous rencontrons en remontant la côte, au-delà d'une longue langue de terre constituant ici le littoral, se trouvent les vastes lagunes de Commacchio, riches étangs d'eau de mer dans lesquels, au temps du frai, entre une prodigieuse quantité d'anguilles et autres poissons qui plus tard y sont retenus au moyen d'une vanne formant l'unique canal de communication de ces étangs avec la mer.

Plus au nord les différens bras par lesquels le Pô Maestro décharge ses eaux dans la mer, forment un *delta* sur un sol d'attérissement en saillie déterminant l'anse où les eaux de l'Adige et de la Brenta refoulent au large les ondes qui doivent les engloutir.

Entre les lits factices de la Brenta et de la Piave, détournées de leur direction naturelle dans leur partie inférieure, s'étendent les lagunes de Venise, vastes marais d'eau de mer, morte et vive, dont le flux dérobe deux fois chaque jour les enceintes respectives.

Les lagunes de Caorle et de Grado, en grande partie semblables aux précédentes, doivent plus particulièrement présenter l'idée de beaucoup d'îles s'élevant sur des bas-fonds où les eaux de la mer et des fleuves se confondent. La Livenza et le Tagliamento sont ici les deux courans principaux.

Il est à présumer que dans ces parages où les limites de la terre et de la mer demeurent pour ainsi dire incertaines, les littoraux se sont formés et par les alluvions des torrens qui, du haut des Alpes, se précipitent dans des plaines marécageuses, et par les attérissemens que favorisent toutes les résistances tant à l'action des marées qu'à celle d'un courant parallèle à la côte, depuis long-temps constaté. A la rive droite de l'Isonzo finit le versant occidental de la mer Adriatique. Nous commençons l'exploration des pentes orientales par l'examen du golfe de Tergeste (Trieste). Le périple de l'Istrie, que nous entreprenons ensuite, nous conduit à reconnaître, sur le versant ouest de cette presqu'île, le Quieto, fleuve d'un cours peu étendu. Après le cap Promontore, point le plus méridional, nous découvrons, au pied du versant oriental, le golfe de Quarnero : il renferme dans son enceinte les grandes îles de Cherso, de Veglia, d'Arbe, d'Ossero ou Lossini, et un grand nombre de petites.

Le littoral de la Dalmatie, faisant suite à celui de l'Istrie, n'est abordable que par maints détours entre les îles éparses le long de cette côte. Comme il ne s'y trouve aucun cours d'eau assez important pour être reconnu, nous poursuivons notre navigation en nous bornant à signaler celles de ces îles qui méritent le plus de fixer l'attention : Pago, Grossa, Brazza, Lesina, Corzola, s'offrent successivement à nos regards. Entre ces deux dernières s'avance la presqu'île de Sabioncello, formant avec la côte de la terre-ferme un golfe allongé dans lequel débouchent les eaux de la Narenta. L'île Meleda, plus au sud, nous conduit au golfe de Cattaro. De celui-ci nous passons devant la Bojana, qui descend des Alpes Dinariques, traverse le lac Bojana ou de Scutari, et, sous le nom de Moraka, débouche dans la mer.

Le golfe de Drino qui reçoit les eaux de la rivière de ce nom, et celui d'Avlona, précédé par la Vouioutza, sont les derniers que présente l'Adriatique supérieure.

Le cap Noir, au pied duquel les monts de la Chimère dérobent leur base sous les ondes, appartient au canal d'Otrante. A la sortie de ce détroit, nous mouillons dans les eaux des îles Ioniennes : Corfou, Sainte-Maure, Théaki, Céphalonie et Zante en font partie. Entre la première et la seconde nous

Adriatique inférieure ou mer Ionienne.

apercevons le golfe de l'Arta et la rivière de ce nom ; en face de la troisième débouche le fleuve Aspro, qui a son origine dans un nœud très-remarquable, en ce que plusieurs rivières en descendent vers les différens points de l'horizon. Le littoral de l'Épire se termine ici par un estuaire dont l'entrée est marquée par la baie de Missolonghi et le golfe de Patras précédant, sur des rives en regard, le long canal appelé golfe de Lépante ou de Corinthe.

Du cap Tornèse au cap Gallo, la rivière Rouphia (Alphée) et le golfe d'Arcadia sont les seules particularités qui font l'objet de nos observations sur le littoral occidental du Péloponnèse ou de la Morée, grande presqu'île qui ne tient au reste de la Grèce que par un isthme très-étroit (celui de Corinthe). Le versant méridional de cette presqu'île, découpé à sa base par plusieurs golfes profonds, se divise en deux bassins : le premier que nous visitons consiste dans la réunion de deux parois ayant pour arête commune le thalweg de la Pirnatza, dont les eaux se répandent dans le golfe de Coron ; le deuxième, séparé du précédent par une péninsule que termine le cap Matapan, est le berceau de la vallée de l'Euré ou Vasili (Eurotas), fleuve qui a son embouchure au fond du golfe de Kolokitia (Laconie). Dans ce golfe, l'île Servi (dite aussi Mengesche), située vers l'est, forme, avec l'extrémité de la presqu'île sud-est, la baie de Vatika.

Les îles Cerigo (Cythère) et Cerigotto, devant lesquelles nous devons passer pour gagner l'île de Candie (Crète), sont deux annexes des îles Ioniennes, que nous avons déjà reconnues.

Mer de Crète et de Libye. Après ces îles, qui tracent la limite de l'Adriatique inférieure et de la mer Égée, nous doublons de suite les deux caps Buso et Crio marquant les pointes extrêmes des pentes occidentales de l'île de Candie. A la hauteur du dernier promontoire, nous sommes dans les eaux de la Méditerranée centrale, où nous gouvernons, par l'est, en vue de l'île la plus grande de l'ancienne Grèce. Nous passons auprès des îles de Gozzo, au-delà desquelles nous atteignons le cap Théodia formant l'extrémité occidentale des montagnes de Massara, qui ne se lient à la chaîne principale de l'île que par un contre-fort dont les flancs opposés sont sillonnés par les eaux du Messara ou Hiéro et du Sudsuro : le premier parcourt une vallée entièrement longitudinale, pour se rendre à la mer ; le second, formé de la réunion de deux courans descendant sur des parois en regard, a son cours inférieur seulement dirigé vers le sud. Les golfes de Messara et de Sudsuro sont les deux parties rentrantes du massif établissant ici une rangée de montagnes parallèle au littoral et au faîte principal.

La partie est du versant méridional de l'île de Candie ne présente rien de remarquable : il en est de même des pentes orientales comprises entre les caps Langada et Sidero Nous ferons observer cependant que ce dernier est précédé par le golfe de Palæocastro.

BASSIN ORIENTAL.

Au nord de la ligne marquée par les îles Caso, Scarpanto et Rhodes, qui toutes trois appartiennent à l'Asie, nous nous trouvons dans le bassin de l'Archipel. La reconnaissance du versant septentrional de l'île de Candie et celle des îles auxquelles on donne le nom de Cyclades, parce qu'elles forment un groupe approchant de la figure circulaire, nous oblige ici à nous tenir au large, à l'effet de déterminer le gisement réciproque de ces îles par différens alignemens.

Archipel ou mer Égée.

Notre exploration doit commencer au cap Saint-Jean détaché de la côte par le golfe de Mirabel. Nous découvrons par le nord-nord-est de ce point l'île Stanpalia, et, par le nord, celles que l'on nomme Nauphia et Amorgo, situées sur un même prolongement. Nous portant ensuite plus à l'ouest, nous apercevons l'île Santorin se projetant sur Nio et Naxie, deux îles plus au nord, et par lesquelles se trouve masquée celle qui est connue sous le nom de Myconi. Au nord du cap Sainte-Croix, qui divise la côte septentrionale de l'île de Candie en deux parties, est et ouest, nous reconnaissons l'île Sikyno, et derrière celle-ci, d'abord les îles de Paros, ensuite celles de Sdili et de Tino.

Lorsque nous voyons l'une par l'autre les deux îles Poly-candro et Syra, nous nous trouvons à moitié de la distance à parcourir pour gagner le méridien du cap Retimo marqué, à notre droite, par l'alignement des îles Siphanto et Ghioura. Le cap Drapano, par lequel se termine le promontoire à l'ouest du golfe de l'Armyro nous présente le dernier repère à employer pour reconnaître le gisement des Cyclades occidentales. Elles se composent des îles Milo, Serpho, Thermia et Zea, presque au nord les unes des autres, et formant la limite orientale de la mer du Péloponnèse, mer connue autrefois sous le nom de Myrtos, et que nous allons bientôt visiter. Après le cap Drapano, les deux péninsules terminées par les promontoires Meleck et Spada déterminent les golfes de la Sude, de la Canée et de Kysamos, par lesquels est découpée la partie ouest de la côte septentrionale de l'île de Candie, dont nous allons quitter les parages pour entrer dans le bassin maritime ci-dessus indiqué.

Le cap Malio du Péloponnèse et le mont Saint-Élie, à la pointe sud-ouest de l'île Milo, signalent l'entrée de ce bassin bordé à l'ouest par le littoral de la Morée, où la longue presqu'île de Nauplie, dont les îles de Spetzia et d'Hydra sont des débris avancés, forme le grand golfe Argolique (de Napoli). Ce golfe est séparé de celui de Saronique (d'Égine ou d'Athènes) par un éperon enraciné au Sophico, mont au pied duquel, vers le nord, est à remarquer l'isthme de Corinthe. Les îles Égine et Coulouri s'élèvent au milieu de cette vaste enceinte couverte à l'est par les montagnes de l'Attique, que couronnent les cimes du Laurion, de l'Hymète et du Pentéli. Le cap Colonne (Sunium), à la base du premier, fait face à l'île Longue ou Macronisi, par laquelle l'île Zea des Cyclades semble se lier à la presqu'île de la Livadie (Attique).

Après le cap Colonne qui forme l'extrémité méridionale de cette péninsule, évitant de nous engager dans le canal de Négrepont, célèbre par la singularité de son flux et de son reflux, et aujourd'hui, comme dans l'antiquité, couvert, dans sa partie la plus resserrée, d'un pont par lequel de la terre-ferme on communique dans l'Eubée, nous passons au-dessus de l'île Andro; nous tournons ensuite au nord pour faire voile en vue de la longue terre séparée, par l'Euripe, du rivage de l'Attique et de la Béotie.

A la hauteur du cap Kili nous tenons, par le nord-est, l'île Skyro, la plus septentrionale des Sporades ou îles dispersées dont un grand nombre borde les côtes orientales de l'Archipel.

Plus au nord, nous débordons le littoral de l'Eubée, où, au sud-ouest des îles Pélagnesi, Sélidromi, Scopelo et Skiathos, nous mouillons dans les eaux du canal de Trikéri, servant d'issue commune aux golfes Oponte (Talanti), Maliaque (Zeitoun) et Pélasgique (Volo): le premier appartient à l'Euripe; le deuxième est bordé au sud par les flancs escarpés de l'OEta, mont au pied duquel se trouve, sur le rivage de la mer, le célèbre passage des Thermopyles ou Portes chaudes; le troisième est formé par la presqu'île de Zagora, se détachant du mont Pélion contigu à l'Ossa et à l'Olympe, connus, ainsi que le premier, par la fable des géans qui tentèrent d'escalader le ciel.

La mer de Macédoine et celle de Thrace sont les deux derniers bassins maritimes que nous ayons à visiter dans le nord de l'Archipel. Le premier, celui à l'ouest, nous offre à notre gauche la vallée de Tempée, si célèbre dans les poètes par la métamorphose de Daphné en laurier. La Salambria (Pénée) qui arrose cette délicieuse contrée, sépare, près de la mer, le mont Ossa de l'Olympe. En face de ces monts, nous découvrons la presqu'île Chalcidique. Au fond du golfe Thermaïque ou de Salonique, qu'elle détermine, débouchent l'Indjé-Carasou (Haliacmon) et le Vardar (Axius); le thalweg de ce dernier fleuve forme la limite commune aux pentes orientales de la grande presqu'île Hellénique et aux pentes méridionales de l'Hœmus ou Balkan.

Au-delà des deux golfes Toronaïque et Singitique (de Cassandre et de Monte-Santo), par lesquels se termine la presqu'île Chalcidique, nous reconnaissons le mont Athos. Le détroit entre les deux caps, marquant la plus courte distance de cette pointe à l'île de Lemnos, est celui que nous franchissons pour entrer dans la mer de la Thrace. Nous y trouvons immédiatement à notre gauche le golfe Strymonique (d'Orphano ou de Contessa), dans lequel se perdent les eaux du Strymon, après avoir traversé le lac Cercine (Takinos); plus à l'est, l'île Tasso (Thasus), peu distante du littoral de la Thrace, forme, avec les parties antérieures du mont Pangée (Kastagnats), une enceinte qui porte le nom de golfe de la Cavale. Le Carasou ou le Mesto (le Mestus des anciens) y verse le tribut de ses eaux. L'extrémité de cette côte est marquée par le golfe d'Énos où débouche en partie la Maritza (Hèbre), grande rivière qui ne parvient à la côte que par une brèche faite dans une chaîne de montagnes, désigné à la rive droite par le nom de Despoto-dag (Rhodope), à la rive gauche par celui de Tekiri-dag, commun aussi aux différentes branches qui, des monts Strandsia, descendent entre la Maritza inférieure et la mer de Marmara.

Sur les côtes orientales de la mer Égée, en face desquelles se trouvent les îles Samotraki et Imbro, un seul enfoncement du rivage est à remarquer, c'est celui que forme le golfe de Mélanès (de Mégarisse ou de Saros). Après en avoir signalé l'entrée, nous descendons les côtes de la presqu'île de Gallipoli (Chersonèse de Thrace), et nous atteignons bientôt l'Hellespont (le détroit des Dardanelles), chenal dans lequel nous devons nous engager pour passer dans la Propontide, (mer de Marmara), dont les côtes méridionales appartiennent à l'Asie.

Propontide ou mer de Marmara. Au-delà du détroit des Dardanelles, nous côtoyons les terres de la Roumélie orientale (Thrace). Nous passons à cet effet au nord de l'île de Marmara; puis par l'est-nord-est, nous gagnons le bosphore de Thrace (canal de Constantinople) que nous devons embouquer pour continuer le périple de la presqu'île Européenne.

Pont-Euxin ou Mer Noire.

A la sortie du canal nous nous trouvons dans le bassin du Pont-Euxin ou de la mer Noire. La section nord-ouest ou les eaux de la Thrace et de la Tauride sont les seules que nous ayons à visiter, car, du côté du sud, la grande presqu'île, servant de limite à cette mer, quoiqu'en deçà des monts qui établissent le partage des eaux entre l'Atlantique et le grand Océan, est mise au nombre des appartenances de l'Asie, et a même inconvenance a lieu pour tous les versans du Caucase et des montagnes de l'Arménie baignées à leur pied par les eaux du Pont-Euxin.

Mer de la Thrace et de la Tauride.

En débouchant du bosphore de Thrace, nous nous engageons entre les îles Pavonares (Cyanées ou Symplegades), célèbres par le passage des Argonautes; puis, tournant celle qui est dans la dépendance de l'Europe, nous mettons le cap au nord, et nous rangeons de suite, à notre gauche, le littoral oriental de la Thrace et de la Mœsie (Roumélie et Bulgarie), jusqu'à l'embouchure de l'Ister (Danube).

Dans le grand nombre de courans qui descendent des monts Strandsia et de ceux de Silistrie, deux contre-chaînes côtières de l'Hœmus ou Balkan, nous remarquons le Touz-Cassri et le Camtchi : le premier verse ses eaux dans le golfe de Bourgas; le second est le Panysus des anciens. Le lac Rassein, bordant pour ainsi dire le rivage, mérite aussi, par son étendue, d'appeler notre attention. Au nord-ouest de l'île Ilan-adasi ou des Serpens, nous passons devant les bouches du Danube ou de l'Ister, le plus grand fleuve de l'Europe après le Volga. Nous mouillons ensuite dans un golfe spacieux (celui de l'Ister et du Borysthènes), où nous avons à l'ouest les côtes de la Dacie (Bessarabie); au nord, celles de la Sarmatie (de Cherson), à l'est le golfe de Carcine ou de Pérécop, et le littoral occidental de la Chersonèse Taurique. Les eaux du Dniester, du Bog et du Dniéper (Borysthènes) se confondent ici dans un récipient commun.

Au nord des bouches du Danube on commence à chercher

en vain les limites des terres que l'on a sous les yeux. De vastes plaines couvertes de végétaux herbacés étendent à perte de vue le cercle de l'horizon. Les sites assez rares, au-dessus desquels pyramident des villages et quelques villes , rompent seuls l'uniformité des tableaux. Le nom particulier de *Steppes*, par lequel le géographe caractérise d'immenses plaines dépouillées de grands végétaux, se trouve ici donné aux régions basses qui forment la lisière du golfe dans lequel nous nous trouvons.

Le cap ou promontoire sud-ouest de la Tauride ou Crimée est le point vers lequel nous devons cingler, pour gagner ensuite par le sud-est le bosphore Cimmérien, formant, du côté du nord, l'entrée du second golfe de la mer Noire. Au pied des monts Sinabda, nous côtoyons le rivage de la Tauride, terminé à l'est par la péninsule de Kertche, en face de laquelle se voient, à peu de distance, plusieurs langues de terre enracinées à la terre-ferme opposée.

Palus-Méotide, dit aussi mer d'Azov ou de Zabache. Au-delà du chenal, établissant la séparation de ces parties saillantes, se trouve le Palus-Méotide (mer d'Azov ou de Zabache). Les parois de ce bassin présentent trois versans. Au pied de celui à l'ouest, un long et étroit barrage naturel (dit langue d'Arabat) sépare des eaux vives de la mer une espèce de lagune où les flots n'ont d'accès que par le détroit de Jenistchi. On donne à cette enceinte, pour ainsi dire fermée, et s'étendant de l'isthme de Caffa à celui de Pérécop, le nom de Sivache ou mer Putride. Le Salguir, le plus grand fleuve de la Crimée, y porte le tribut de ses eaux. Le deuxième versant du Pont-Euxin, celui qui correspond au littoral de la Sarmatie Européenne orientale, nous présente les contrepentes des bassins du Dniéper et du Don. Au commencement de ce versant, nous découvrons le lac Molotchnae ou Laiteux. A son extrémité orientale, nous entrons dans le golfe du Don, où la Krinka, le Don et l'Eïa versent leurs eaux. La première rivière divise les steppes des Tatares Nogais, de celles que l'on désigne par le nom d'Azov; la dernière est le principal courant entre le Don et le Kouban.

Le troisième et dernier versant de la mer d'Azov, le littoral
occidental de la Sarmatie Asiatique, présente, au sud du cap
Dolgar, terminant le golfe du Don, un rentrant considérable
qui continue jusqu'à la bande de terre fort étroite, dont la
partie antérieure ou occidentale se divise en deux presqu'îles
faisant face à celle de Kertche, et renfermant entre elles le
golfe de Taman.

Nous voici parvenus au terme de notre navigation autour de
la presqu'île Européenne. Les seules côtes que nous n'ayons
pas visitées, bien qu'elles soient dans la dépendance de cette
partie du monde, sont celles de la mer Caspienne, grand lac
sans communication avec l'Océan.

Le faîte du Caucase, considéré comme limite naturelle de
l'Europe, est la ligne la plus directe que nous ayons maintenant à tenir, pour, du point où nous nous trouvons, gagner le cap Apchéron, par lequel se termine la presqu'île du
même nom, sur le littoral occidental de la mer Caspienne.

MER CASPIENNE.

Les bords de la Caspienne, qui appartiennent à l'Europe,
s'étendent de l'extrémité orientale du Caucase jusqu'à l'embouchure de l'Oural, grand fleuve descendant des montagnes de ce même nom.

Mer de l'Albanie et de la Sarmatie asiatique.

Trois îles, Jyloï (habitée), Lebiazéï (des Cygnes) et
Sviatoï (Saint) établissent ici, par leur position près de la
côte, le détroit d'Apchéron, duquel nous allons partir pour
compléter notre reconnaissance.

Les îles des Deux-Frères sont les premiers points sur lesquels
nous prenons direction. Nous côtoyons ensuite le littoral de
l'Albanie asiatique ou du Daghestan formant le pied des per-
pentes nord-est du Caucase. Le Samour (Qozloukhi) est le
fleuve le plus important de ces parages. Au nord des bouches
de ce fleuve, une chaîne, où se trouvent les portes Caspiennes,
court le long de la mer à peu de distance des côtes. L'île
Tchetchen et celles qui l'unissent pour ainsi dire à la péninsule d'Agrakhan, forment un golfe de ce nom, devant lequel

nous passons pour reconnaître les divers bras du Terek inférieur constituant un saillant, au nord duquel nous découvrons le golfe de Kouma, ou la partie sud du littoral oriental de la Sarmatie, dont le sol plat et découvert ressemble à une mer desséchée. Au nord de cette côte nous reconnaissons l'île nommée Tchéchiri-Bougra ou des quatre monticules, et la bouche de Jarcov donnant accès au principal bras du Volga, le plus grand fleuve de l'Europe.

De ces parages à ceux de l'Oural, des steppes au milieu desquelles se perdent les traînées de collines appelées Obszey-Syrt, deviennent de plus en plus sablonneuses à mesure qu'elles approchent des plages où elles semblent être au niveau de la mer.

Les principaux plans qui déterminent la figure du polyèdre européen nous sont présentement connus :

1.° Par sa division en deux versans généraux ;

2.° Par le partage de ces versans en huit grands bassins océaniques ou maritimes ;

3.° Par la sous-division de ces derniers en 24 autres d'un ordre inférieur ;

4.° Enfin, par le partage de ceux-ci soit en bassins golféens, soit en pentes côtières.

Nous verrons, dans le chapitre suivant, que la plupart de ces plans se trouvent couronnés par des exhaussemens particuliers du sol, qui constituent le système orographique, et que les différens massifs, desquels se forme l'ensemble de ce système sont liés par des lignes de partage des eaux, qui avec le faîte des chaînes de montagnes établissent un réseau continu d'arêtes, dans lesquelles nous reconnaîtrons les limites de chacune des divisions naturelles ou hydrographiques.

CHAP. IV. Orologie.

L'étude des montagnes a beaucoup plus d'importance que l'on ne lui en accorde généralement. C'est par les parois des montagnes et par les talus qui en sont les soubassemens, que les eaux pluviales se réunissent en gouttières, en rigoles, en ruisseaux, en torrens, en rivières, en fleuves, et, comme eaux courantes, vont porter la vie et la fécondité dans toutes les parties d'un continent.

C'est par les chaînes de montagnes que sont formés les plateaux, les terrasses, les vallées, dont la hauteur et la disposition font varier, dans des contrées voisines l'une de l'autre, ou de position mathématique homologue, le caractère physique et moral de l'homme, le genre et l'espèce des productions animales et terrestres.

C'est par les obstacles que les montagnes présentent aux mouvemens de l'atmosphère, et par les différentes inclinaisons des plans qu'elles opposent aux rayons de l'astre du jour, que l'étude des températures et des climats est soumise à d'autres lois que celle des distances à l'équateur.

La connaissance de la distribution des reliefs par lesquels sont limités les bassins hydrographiques généraux et particuliers, doit être considérée comme la clef de toute analyse géographique naturelle. Sans cette analyse on ne saurait discerner, dans une carte, le réseau anatomique d'après lequel chaque partie se présente dans ses rapports avec l'entier dont elle n'est qu'un démembrement.

Par la navigation que nous avons faite le long des côtes de l'Europe, nous avons reconnu les limites inférieures de chacun des versans généraux et particuliers constituant, par leur disposition réciproque, les divers bassins hydrographiques qui donnent à cette partie du monde ses principales divisions naturelles.

Les limites supérieures de ces bassins appartiennent à un réseau continu de faîtes dont il importe aussi de suivre la liaison et les dépendances; car ces faîtes peuvent être considérés comme des nervures se ramifiant en une infinité de filets par lesquels sont cernées les mailles hydrographiques dont se composent les superficies terrestres.

Dans les tiges, les branches et les rameaux de ce système réticulaire, nous reconnaîtrons les arêtes supérieures de tous les plans de pente dont l'ensemble et la connexion déterminent et les divisions naturelles géographiques, et les différens étages par lesquels la plupart des eaux courantes descendent de l'intérieur des continens vers le rivage de l'Océan.

La marche que nous avons adoptée, nous oblige présentement à entreprendre un voyage aérien. Par ce moyen nous planerons sans obstacle au-dessus des superficies que les enclaves bizarres et temporaires des états ne permettent d'explorer que d'une manière peu satisfaisante.

Notre point de départ sera au-dessus des sommités où la *dorsale* européenne s'unit aux monts Ourals. Là, embrassant dans leur ensemble tous les massifs dont le faîte appartient à la frontière entre l'Europe et l'Asie, nous apercevrons au nord, l'Oural désert; au midi, les parties méridionales de cette même chaîne, qui, sous les noms de Verchoturien, d'Écatherinenbourg, d'Orenbourg ou de Kitchik-Karatcha, complètent, avec le cours de l'Oural, la limite orientale du théâtre que nous avons à explorer.

Au nœud d'où descendent vers le sud les premières eaux de l'Oural et de la Biélaïa, nous remarquerons que ces deux rivières sont séparées à leur origine par une branche dite l'Oural Baschkirique; que cette branche, après un trajet d'environ deux degrés, parcourt à l'ouest une égale étendue, et qu'ensuite elle se bifurque pour enfermer toutes les eaux de la Samara. Par suite de cette observation, nous prendrons aussi connaissance de l'Obszey-Syrt, nom commun à deux rameaux dont celui à l'ouest se termine par la chaîne Sok, et celui vers le sud-ouest par les monts Rynpeski et Alsagar.

De notre première station nous nous avancerons vers le sud-ouest, en suivant constamment la direction de la séparation principale des eaux dans toute l'étendue de la presqu'île européenne. Nous remarquerons que cette ligne commence par des reliefs auxquels on donne le nom de Chemokhonskiva, et qu'entre les sources de la Petchora et de la Vyesegda, affluent de la Dvina, une branche s'en détache vers le nord pour former la limite orientale du bassin de la

mer Blanche, Cette branche porte les noms de Poyas-Cam-
ménoï, de Tschaïsin, et, par le cap Kanin, se termine dans
la presqu'île Schémokonskiva.

Les derniers degrés du faîte des monts Schémokonski se
perdent du côté de l'ouest dans des seuils élevés, qui, comme
dos de la mer Blanche et de la mer Caspienne, tracent notre
route vers l'occident.

Lorsque nous atteignons les hauteurs entourées des lacs
Bielo, Latcha, Voschye et Onega, nous portons nos regards
vers le nord-ouest, à l'effet de prendre connaissance des monts
Olonetz et Maanselka, s'étendant entre la mer Blanche et
le golfe de Bothnie. Ces monts sont moins remarquables
sous le rapport de leur commandement sur l'isthme par lequel la presqu'île scandinave s'unit à la terre ferme, que sous
celui de leur gisement comme chaînons compris dans la
longue suite de reliefs qui forment, depuis le cap Nord de l'Europe jusqu'à l'extrémité inférieure de la côte orientale de l'A-
frique, le faîte du grand versant occidental des eaux tributaires de l'océan Atlantique. Les Alpes Scandinaves ou les
Dofrines, dont les parties principales sont connues sous les
noms de Kiolen, de Sewe, Sewo ou Sewons, et de chaîne
Thulienne, établissent, à l'est des monts Maanselka, un contre-fort qui se termine dans le cap Sviatoï, à l'entrée de la
mer Blanche. Du côté de l'ouest, ces mêmes Alpes, bien plus
fortement prononcées que le tronc auquel elles demeurent
enracinées, forment une longue contre-chaîne qui sépare la
mer Baltique de la mer Britanno-Scandinave, et qui couvre
de nombreuses branches toute la péninsule, bornée au sud
par le Codan, détroit au-delà duquel se trouve la Chersonèse
Cimbrique.

Après ces observations, nous reprenons notre reconnaissance sur la dorsale européenne, en déviant vers le sud, et
bientôt nous planons au-dessus des monts Valdaï, connus des
anciens géographes sous le nom de *Mons Alaunus*. Des
cimes de cet exhaussement principal du sol dans ces contrées,
s'épanchent vers l'est les sources du Volga. Les monts Vol-

chonski tiennent immédiatement à ces faibles éminences,
par lesquelles, plus au sud encore, se trouvent couronnées
les premières eaux de la Duna et du Dniepr. Les affluens qui
se trouvent à la gauche de ce dernier fleuve sont séparés de
ceux qui appartiennent au Volga par un *dos* de pays et quelques monts (Jépifanov, Boglovi, Volga, Irgeni) dont il importe de prendre connaissance, comme faisant partie du partage d'eau de premier ordre que nous avons signalé ci-
dessus.

Sur ce même faîte, et entre le 45° et le 40° parallèle en-
deçà de l'équateur, le Caucase, précédé de quelques monts
désignés par le nom commun de Beschtau, au-dessus des
sources de l'Egorlichk et du Kalaous, présente, aux confins
de l'Europe, un massif transversal s'étendant de la Caspienne
à la mer Noire. Au-delà de cette barrière sont des contrées
dans la dépendance de l'Asie.

Avant de quitter l'arête que nous explorons comme principale division naturelle de l'ancien continent, nous appelle-
rons l'attention sur une branche qui a son origine entre les
sources du Tin et de la Svopa, et divise ensuite les affluens
du Dniepr de ceux du Don. L'isthme de Pérécop, par lequel
cette branche se termine, l'unit à la crête des talus établissant
dans la Tauride ou Crimée les pentes vers le Sivache et vers
le golfe de l'Ister et du Borysthènes. A l'extrémité de ce prolongement, une chaîne de montagnes, presque parallèle au
rivage de la mer Noire, forme un éperon considérable dont
les parties les plus élevées, connues sous les noms de Synabda,
Tschatyrdag et Tomdschir, composent le groupe des monts
de la Tauride.

Des monts Volchonski, le faîte européen se porte vers le
sud-sud-ouest et l'est, sépare le bassin de la Baltique de celui
de la mer Noire, et va par les deux *dos* de la Duna et du
Dniepr, des mers des Vénèdes et du Borysthènes, s'unir d'a-
bord aux monts Niederborsec, ensuite aux Carpathes centrales. Le système entier des montagnes, sous ce dernier nom,
trace un grand arc dont les parties orientales et occidentales

ont une direction sud : celle-là se termine sur le Danube inférieur par un escarpement abrupt connu sous la dénomination
de Porte-de-fer ; celle-ci descend entre le Wag et la Morava,
jusqu'au grand fleuve leur récipient commun.

L'éxtrémité occidentale des Carpathes centrales s'unit aux
Sudètes, massif s'étendant des sources de l'Oder à celles de
l'Elbe. Avant de ceindre les premières eaux de l'Elbe, les
Sudètes projettent, entre cette rivière et l'Oder, un faîte
secondaire qui se caractérise à son origine par une suite de
chaînons dits les monts Géans (Riesen Gebirge). Le prolongement de cette arête secondaire, assez relevée dans les
monts de la Lusace, joint la partie méridionale du Jutland,
presqu'île coupée dans toute sa longueur par un dos de pays
qui, au-delà du cap Skagen, va, par les îles Funen et See-
land, s'unir à l'extrémité sud des Alpes Scandinaves. A l'excep-
tion du partage des eaux entre la Caspienne et la mer Noire,
les faîtes que nous venons de passer en revue depuis la souche
des monts Olonets appartiennent aux limites du système hydrographique de la Baltique.

Du point des Sudètes où nous nous sommes arrêtés, station marquée par le Schneeberg, une série non interrompue
de hauteurs, désignées d'abord par le nom particulier de monts
Bohémo-Moraviens, ensuite par la dénomination commune
de chaîne Hercynienne, sépare les eaux descendant vers la
mer Britanno-Scandinave ou du Nord, des rivières et des
torrens tributaires du Danube supérieur. Après le Bœhmer-
wald, qui est le premier chaînon du dernier système, vient
le nœud du Fichtel-Berg, duquel s'échappent de fortes rivières vers tous les points de l'horizon. Les branches principales
de ce massif sont l'Erz-Gebirge ou les montagnes métallifères
et le Franken-Wald, suivi du Thuringer-Wald, du Duinger-
berg, et des monts à l'est du Weser ; elles se portent, l'une à
l'est, l'autre à l'ouest-nord-ouest. Par le partage des eaux entre
la Leine et l'Unstrut, un rameau septentrional du Duinger-
berg met ce système en connexion avec le Harz, que son
élévation au-dessus des contrées environnantes fait regarder

comme un groupe isolé. Du point commun au Franken-Wald et au Thuringer-Wald part une branche méridionale marquée d'abord par le dos de la Werra et du Mein supérieur, ensuite par le Vogels-Gebirge et une série d'autres monts s'étendant à l'ouest du Weser jusqu'au confluent de l'Haas et de l'Ems.

Du Fichtel-Berg aux sources du Danube, le faîte de la Franconie, les Alpes rudes (Rauhe Alb) et la Forêt - noire (le Schwarz-Wald) continuent la ligne du partage des eaux entre l'Océan et la Méditerranée. Dans cette section, le cours du Mein et celui de la Naab renferment, avec une partie du Rhin et du Danube supérieur, toutes les éminences liées à chacun de ces trois systèmes : le Steiger-Wald entre l'Aisch, la Regnitz et le Mein, et l'Oden-Wald, entre ce dernier et le Neckar, sont des extensions du massif central.

A la hauteur des sources du Danube, nous remarquons que le prolongement sud-ouest de la Forêt-noire détermine le coude rectangulaire que fait le Rhin au-dessous du lac de Constance, et nous continuons notre exploration de la dorsale européenne par une branche septentrionale des Alpes d'Algau., dites aussi de la Souabe , par la souche même de ces Alpes dans l'Arlberg, et par une branche nord-est des Alpes des Grisons, immédiatement liée aux Alpes méridionales du même nom. Cette dernière branche nous conduit au Saint-Gothard, massif central du système principal des hautes Alpes ou des Lépontiennes.

Avant de déborder ce nœud , une reconnaissance rétrograde doit nous ramener vers les régions orientales, à l'effet de passer en revue tout le prolongement des Alpes centrales.

Ce prolongement renferme : 1.º les Alpes Bernina et les Alpes Tyroliennes, faisant toutes deux partie des Alpes Rhétiques ; 2.º les Alpes de Carinthie ou Carniques ; 3.º les Alpes de Carniole ou Juliennes, complétant avec les précédentes la série des hautes Alpes orientales ; 4.º les Alpes Dinariques ; 5.º le Balkan ou l'Hœmus des anciens. Cette file de hautes montagnes sépare les affluens de droite du Danube des eaux qui , sur le revers opposé , se rendent dans trois bassins maritimes entièrement distincts : l'Adriatique, la mer Égée et la mer Noire.

Dans le nombre infini des branches remarquables entre les premiers affluens du Danube, nous nous bornerons à citer les Alpes de Salzbourg, les Alpes Styriennes, dont des parties antérieures et vers le nord-est étaient désignées anciennement par le nom d'Alpes Noriques, les monts Cétiques formant plusieurs rameaux avancés de ces dernières vers les lacs Neusiedler et Platten, ainsi que sur le Danube, les montagnes de la Croatie et de l'Esclavonie, entre la Drave et la Save, enfin celles de la Silistrie bordant le littoral nord-ouest de la mer de l'Ister et du Borysthènes.

Les Alpes Helléniques, qui ont leur prolongement dans l'île de Candie, et les monts Strandsia ou Kutchuk-Balkan, sont de l'autre côté les deux principaux contre-forts dont il convient de prendre connaissance. L'extrémité méridionale du dernier et la branche sud-ouest (le Tekiri-Dag) qui y établit une bifurcation, circonscrivent le versant septentrional de la mer de Marmara.

Du Saint-Gothard, station à laquelle nous nous sommes réservés de revenir, se dirige vers l'ouest un autre prolongement, les Alpes Valaisannes ou Pennines, qui, sous le nom de hautes Alpes occidentales, commun à celles de la Savoie et du Dauphiné (Graies et Cottiennes), descend vers le sud, et se termine par les Alpes maritimes.

Aux sommités, où la Durance a son origine, commence une branche occidentale qui accompagne la rive gauche de cette rivière jusqu'à son embouchure dans le Rhône. Les montagnes d'Esterel et de Sainte-Victoire en font partie. Ce contre-fort des Alpes, assez fortement prononcé, est celui par lequel, de ce côté, le système hydrographique du Rhône est détaché des rivières côtières de la Méditerranée.

Le point extrême des Alpes est marqué par les sources du Tanaro et de la Roya. Au-delà suit l'Apennin qui, dans un développement considérable, divise la péninsule Italienne en deux versans principaux. Les hautes Alpes, les Alpes Helléniques et les Apennins , établissent les limites naturelles par lesquelles les fleuves et les courans qui appartiennent à l'Adriatique se trouvent divisés des eaux qui se rendent ou dans la mer Noire, ou dans l'Archipel, ou dans la Méditerranée inférieure.

La subdivision antérieurement établie de l'Adriatique en bassin septentrional et en bassin méridional exige que nous portions notre attention sur les monts Gargano et sur ceux de la Chimère ou Acro-Cérauniens, en raison des promontoires qu'ils déterminent : ceux-ci forment au sud de la Voïoutza une branche du système oriental; ceux-là appartiennent à la longue chaîne Apennine, et caractérisent ce que l'on appelle vulgairement l'*éperon* de la *botte* que l'on se représente dans la configuration de l'Italie.

Un autre contre-fort de l'Apennin est encore à reconnaître: c'est celui dont l'origine est aux sources du Tibre, et qui, au-delà du renflement par lequel se trouvent encaissées les eaux du lac de Trasimène ou de Pérouse, continue par les monts Scalari et Montieri. En effet, c'est par cette chaîne et par sa branche occidentale, s'ensevelissant dans la mer en face de l'île d'Elbe, et reparaissant ensuite dans cette même île et dans celles de Corse et de Sardaigne, que la Méditerranée inférieure est partagée en mer d'Italie et de Sardaigne, et en mer de Sardaigne et d'Hispanie.

Avant de quitter le Saint-Gothard pour parcourir de nouveau la ligne principale de séparation des eaux, deux branches septentrionales de ce massif, désignées par les noms d'Alpes nord-ouest des Grisons et d'Alpes des quatre villes forestières, sont encore à remarquer. La première divise d'abord les hautes vallées du Rhin et de la Reuss; elle se partage ensuite en plusieurs rameaux couvrant tout le pays entre les lacs de Lucerne et de Constance : les Alpes de Thur sur les deux côtés de la rivière de ce nom sont une bifurcation extrême du rameau le plus oriental. La seconde branche, celle des Alpes des quatre villes forestières, sépare la vallée de la Reuss de la vallée de l'Aar, et jette des rayons en tous sens dans l'espèce d'île formée par le cours de ces deux rivières.

C'est présentement par les Alpes Bernoises que nous allons poursuivre notre route vers l'ouest, en nous tenant en vue et de la mer du Nord et de la Méditerranée. Le Jorat, le Jura et les Vosges s'offrent successivement à nos regards.

A partir des sources de la Moselle, le prolongement septentrional du dernier système ne doit plus être considéré que comme une des différentes contre-chaînes par lesquelles sont séparés, les uns des autres, les affluens de la rive gauche du Rhin.

Les monts Faucilles, qui se lient immédiatement aux Vosges, forment le tronc duquel se détache au nord-nord-ouest une longue branche où se rencontrent les monts d'Argonne et les Ardennes. Par le *dos* de la Somme et de l'Escaut, cette branche se prolonge jusqu'au cap Grinez.

Au-delà du pas de Calais, les Alpes Britanniques, dont la direction est du sud au nord, tracent la continuation du partage des eaux entre l'océan Atlantique et la mer Britanno-Scandinave ou du Nord, d'abord par le *dos* de la Tamise et de l'Ouze méridionale, ensuite par le Peak, le Théviot, le Grampian et les montagnes de l'Écosse septentrionale. Deux branches occidentales de ce faîte, l'une la chaîne de Westsex (les montagnes Cambriques), entre le canal Gallo-Britannique et le canal Hiberno-Britannique, l'autre le Leards-Hill, le mont Mourne, le Crogham-Hill, et le mont Gabriel (quatre subdivisions du système Hibernien), entre le canal Hiberno-Britannique et l'océan Hiberno-Calédonien, complètent les grandes divisions naturelles des îles Britanniques.

Des monts Faucilles nous passons au plateau de Langres et à la Côte-d'Or, où nous nous arrêtons un instant. Là nous nous tournons vers l'ouest, à l'effet de signaler une suite de hauteurs faisant le partage des eaux entre la Seine et la Loire : les monts du Morvan, la forêt d'Orléans, les montagnes de la Normandie et les monts d'Arrées en sont les différentes parties. Si nous considérons que cette arête est aussi l'intersection de deux versans dont l'un, au nord, descend vers le canal Gallo-Britannique ou de la Manche, l'autre, au midi, vers la mer occidentale des Gaules ou de Biscaye, elle acquerra à nos yeux un plus haut degré d'importance.

Le système des Cévennes, quoiqu'entièrement dirigé du nord au sud, appartient, comme les deux précédens (le plateau de Langres et la Côte-d'Or), au faîte européen. Ses pentes du côté de l'est, baignées à leur pied par les eaux du Rhône, font face au massif des Hautes Alpes occidentales. Celles qui sont exposées à l'ouest se composent de parois appartenant aux deux bassins de la Loire et de la Garonne, séparés en grande partie par les monts d'Auvergne; elles peuvent, dans leur ensemble, être regardées comme un seul et même versant de la mer occidentale des Gaules.

Après les montagnes Noires et le coteau de Saint-Félix, parties les plus méridionales de la chaîne des Cévennes, nous abordons les Pyrénées, en suivant le faîte entre l'Arriége et l'Aude. A la naissance de ces deux rivières, nous laissons à l'est tout le groupe qui se termine par le cap Creux, promontoire commun au golfe méridional des Gaules et au littoral de la Tarraconnaise. Le prolongement du même système, déterminé par les massifs du centre et de l'ouest, nous indique la route à suivre pour gagner les monts Cantabres.

Au-delà des sources de l'Èbre, la continuation des Pyrénées n'est qu'un contre-fort de la dorsale européenne par lequel se trouvent projetés les deux caps d'Ortégal et du Finistère, plongeant dans les eaux où se confondent les limites de la mer des Gaules occidentales et de l'océan Lusitano-Callaïque. Une branche sud-ouest des Cantabres sépare les vallées du Sil et du Minho, d'une part, de celles de l'Esla et du Duero, de l'autre; nous en prenons connaissance, en faisant l'observation qu'elle est, tant par sa hauteur que par son étendue, la plus considérable de toutes celles qui sont dans la dépendance de cet appendice des Pyrénées.

Où l'Èbre a son origine dans les monts Cantabres, commencent les monts Ibériens, partageant, en partie, la péninsule Hispanique en deux versans principaux. La chaîne d'Estrella entre le Duero et le Tage, et celle d'Ossa entre le Tage et la

Guadiana, en sont des branches très-remarquables du côté de l'ouest. Le versant opposé ne présente point de séries de monts réunis sous une dénomination commune : la Sierra d'Espadan mérite néanmoins de fixer l'attention comme nœud central de la contre-chaîne par laquelle est fermé au sud le bassin du cours inférieur de l'Èbre.

Avant de passer au système suivant, nous ferons encore l'observation que la Sierra de Consuegra, qui fait la dernière des subdivisions des monts de l'Èbre, sur le faîte européen, n'appartient pas en totalité à la dorsale, et que, par le prolongement de ce chaînon vers l'est, se continue la suite des monts de la même série qui, entre le Xucar inférieur et la Segura, vont gagner le cap Saint-Martin.

Une remarque semblable a lieu pour la Sierra-Morena, que nous abordons immédiatement par le nœud qui résulte du coude que fait le système précédent. La direction de cette chaîne est en effet presqu'entièrement de l'est à l'ouest comme limite naturelle des bassins de la Guadiana et du Guadalquivir.

La Sierra-Nevada forme le dernier des divers systèmes de reliefs par lesquels nous atteignons le détroit de Gibraltar. Les branches et les rameaux qui s'en détachent ont trop peu d'intérêt comme divisions naturelles, pour appeler notre attention.

Nous voici donc parvenus des monts Ourals aux colonnes d'Hercule, en nous tenant invariablement attachés au réseau continu du partage des eaux. Nous avons établi par cette exploration une telle connexion entre tous les reliefs de l'Europe, qu'ils ne doivent plus se présenter à notre pensée, ni comme systèmes isolés, ni comme dépendances de régions orographiques arbitraires. Notre but étant de bien asseoir des idées d'ensemble, nous avons dû négliger d'aborder beaucoup de détails qui trouveront mieux leur place dans des descriptions locales ou particulières.

Après avoir ainsi exploré les grandes lignes qui constituent, pour ainsi dire, le squelette de la presqu'île européenne, nous résumerons notre examen en disant que la partié sud est plus montagneuse que celle du nord; que le pays le plus élevé est la Suisse, qui peut être considérée comme le couronnement de pentes immenses qui s'élèvent lentement depuis les plaines de la France occidentale et de l'Allemagne septentrionale, et qui s'abaissent rapidement vers les plaines de la Lombardie; que les pays les plus plats et les plus bas sont la Hollande et le nord de l'Allemagne, le Danemark, la Prusse et la Russie; que le système hercynio-carpathien, s'étendant du Rhin jusqu'au Dniester, forme, au-dessus des affluens à la rive gauche du Danube, une contre-chaîne des Hautes Alpes, laquelle a sa contre-partie dans les Apennins; que les Ardennes et les montagnes Britanniques, du côté du nord, la forêt d'Orléans et les montagnes d'Arrées du côté de l'ouest, les Cévennes et les Pyrénées du côté du sud-ouest, forment des massifs très-distincts, mais ayant une liaison commune dans les Vosges et dans le Jura, deux chaînes d'un même contre-fort des Hautes-Alpes occidentales; que les monts Helléniques et le Balkan ne sont que des prolongemens du système alpin; que, dans les soi-disant monts Valdaï, l'on ne doit voir que les sommets les plus apparens du faîte occidental du Haut Volga, grand fleuve dont le cours supérieur parcourt une terrasse orientale plus caractérisée par son système hydrographique concentrique et par les longs talus qui en forment les revers, que par les arêtes qui en déterminent l'enceinte; nous dirons enfin que les Alpes Scandinaves se trouvent enracinées à ce plateau oriental par les monts Maanselka et Olonetz; que les monts Ourals, sur la limite de l'Europe et de l'Asie, lui servent d'épaulement à l'est; que le système du Caucase appartient à des contre-pentes du talus incliné vers le sud, et que la liaison de cette chaîne avec le dos méridional du Volga ne se manifeste que par l'arête ou l'intersection des versans de la mer d'Azov et de la Caspienne.

A cet aperçu rapide, nous ajouterons quelques mots pour l'intelligence des profils de montagnes placés dans trois des angles de notre carte. Quoique, dans ce genre, on ne puisse

encore présenter que des résultats assez vagues, il nous a paru
convenable de ne point les négliger, à l'effet de laisser moins
incomplet le système de comparaison que nous croyons utile
de propager.

C'est à M. Stieler que nous empruntons, et les élémens, et
la disposition géographique de cette partie de notre travail,
heureusement exécutée par M. Richard Wahl, dont le talent
et l'expérience ont su répandre quelque charme sur des com-
positions naturellement arides.

Les profils géographiques sont, relativement aux superficies
terrestres, ce qu'est la coupe verticale d'un édifice, ou son
élévation, par rapport à la coupe horizontale ou à la repré-
sentation du trait fondamental. Avec cette comparaison, il
faut aussi, pour les sections projetées les unes sur les autres,
admettre la transparence nécessaire pour que tous les objets
soient distinctement aperçus.

Les sommités, les cols; les passages, les villes et les autres
lieux désignés sur nos tableaux s'y trouvent dans leur position
géographique respective, à l'égard des cercles ou de longitude,
ou de latitude. Quant aux élévations, les échelles métriques
latérales et les lignes transversales par lesquelles les plans sont
coupés, permettent des estimations suffisantes pour des me-
sures dont la plupart ne peuvent guère être considérées que
comme approximatives.

On conçoit qu'en raison du peu d'espace dans lequel de tels
rapports sont rassemblés, il a fallu, pour les distances hori-
zontales, employer une échelle infiniment plus petite que
celle qu'il convenait d'adopter pour rendre sensibles toutes
les différences de hauteurs au-dessus du niveau de la mer.
Il résulte de là que les sommités figurées sont extraordinaire-
ment saillantes ou escarpées, et que l'on ne doit nullement
chercher les formes effectives que présenteraient des vues
assujetties à un seul terme de comparaison.

A l'effet de mettre en état de reconnaître, autant que possible, et les chaînes et les monts dans une même dépendance,
ceux-ci sont groupés par des lettres ou des chiffres sembla-

bles répétés dans les légendes, près des noms des chaînes auxquelles ils appartiennent; celles-là se trouvent liées par une suite de points traçant sans interruption les contours des divers reliefs compris sous une dénomination commune.

L'ordre dans lequel il convient de procéder à l'examen des profils, doit être conforme à la marche que nous avons tenue en faisant l'exploration des chaînes de montagnes.

Pour la feuille sud-ouest, les données que nous rapportons ci-après se suivent, en conséquence, du nord au sud; elles commencent par le système des Carpathes et finissent par celui des Pyrénées : les seules sommités du Caucase, en raison de leur éloignement du point de départ, se trouvent en dehors des dépendances établies.

Pour la feuille sud-est, les élémens sont donnés de l'ouest au nord-est, ou des Alpes aux monts Scandinaves; mais cette contre-marche, convenable à nos habitudes, ne change rien aux liaisons antérieurement établies.

Afin que l'on soit toujours facilement orienté en passant en revue les différens points comparés, nous rappelons pour mémoire, c'est-à-dire sans indication de hauteur, les systèmes ou les chaînons intermédiaires dont la connaissance est nécessaire à l'entente des rapports d'ensemble.

Comme les profils de la feuille nord-est n'ont d'autre objet que celui de faire ressortir les différences entre les points les plus élevés des deux continens, les résultats qui se rapportent à ce troisième tableau sont classés dans l'ordre des hauteurs absolues au-dessus du niveau de l'Océan.

Ce n'est qu'au moyen d'une coupure entre le 15e et le 25e méridien que nous sommes parvenus à faire entrer dans le cadre intérieur de cette partie les montagnes Britanniques, qui ne figurent point ailleurs.

Ce n'est aussi qu'en employant une échelle environ quinze fois plus petite, pour les degrés de longitude marqués en dehors des limites de l'Europe, qu'il nous a été possible de faire le rapprochement de la plupart des points que nous avions à comparer.

Les noms de villes et de lieux sans nombres correspondans sont des positions que M. le professeur Stieler ne donne que graphiquement : comme lui, nous avons mis un *point d'interrogation* à la suite des élémens qu'il ne présente pas avec certitude.

Les connaissances que nous venons d'acquérir étant suffisantes pour déterminer l'assiette physique de chacun des états de l'Europe, cet examen, que nous pouvons dire nouveau en géographie, sera l'objet du livre suivant.

TABLEAU

des positions géographiques dont les hauteurs relatives sont données dans les profils.

1.

Profils de la feuille Sud-Ouest.

NOMS DES SYSTÈMES, et RENVOIS AUX PROFILS.	DÉSIGNATION DES SOMMITÉS ET AUTRES LIEUX.	HAUTEURS au-dessus du niveau de la mer.	
		pieds.	mètres.
CARPATHES. (11.)	Lomnitzer-Spitze................	8,000	2,578
	Surul, en Transylvanie..........	7,122	2,314
Les Sudètes. Les monts Bohemo-Moraviens.			
BÖHMER-WALD. (12.)	Dreisesselstein ou Dreisesselberg..	2,798	909
	Rachel-Berg....................	3,517	1,142
	Haydel Berg...................	3,516	1,142
	Arber.........................	4,519	1,403
	Passau (ville)...............	789	256
FICHTELBERG. (4.)	Schnee-Berg....................	3,217	1,045
	Ochsenkopf....................	3,195	1,038
	Stafielstein...................	2,800	910
Le Rauhe-Alb.			
ODENWALD.	Königstuhl....................	2,100	682
	Mélibocus. (Malchen)..........	1,600	520

NOMS DES SYSTÈMES, et RENVOIS AUX PROFILS.	DÉSIGNATION DES SOMMITÉS ET AUTRES LIEUX.	HAUTEURS au-dessus du niveau de la mer.	
		pieds.	mètres.
SCHWARZWALD. (Z.)	Blauen.......................	3,597	1,168
	Bœlchen......................	4,570	1,420
	Feld-Berg....................	4,608	1,497
	Passage de Kniebis...........	2,600	845
Les Alpes de la Souabe. Les Alpes d'Algau. La branche N. E. des Grisons (la deuxième.) Le Saint-Gothard. Les Alpes Bernina (troisième branche des Grisons.)			
ALPES TYROLIENNES. (M.)	Mont Brenner.................	6,359	2,066
	Passage du mont Brenner.......	4,575	1,421
	Platey-Kogel.................	9,748	3,167
ALPES D'ORTEL. (Entre l'Adda supérieure et le lac de Garda.)	Ortels-Spitze...............	14,416	4,685
ALPES DE SALZBOURG. (N.)	Watzmann....................	9,058	2,942
	Hoch-Golling................	9,797	3,182
	Wisbachhorn.................	10,807	3,511
	Grand-Glockner..............	11,500	3,736
ALPES STYRIENNES. (Q.)	Schneeberg..................	6,444	2,093
Le Saint-Gothard.			
ALPES VALAISANNES. (B.)	Weisshorn...................	13,800	4,483
	Mont-Rosa..................	14,579	4,735
	Sources de la Doire.		
ALPES SAVOYARDES. (A.)	Mont-Buet..................	9,600	3,118
	Dent du Midi...............	9,500	3,086
	Dent d'Oche................	6,800	2,209
	Les Voirons, près de Genève......	4,200	1,364
	Mont-Blanc.................	14,790	4,804
	Passage du Petit Saint-Bernard....	6,750	2,193
	Mont-Iseran................	12,456	4,046
	Mont-Cenis.................	10,926	3,549
	Passage du Mont-Cenis..........	6,100	1,972
	Les Trois Ellions, près du Mont-Tabor...................	12,000	3,898
	Mont-Ventoux.	6,367	2,068

NOMS DES SYSTÈMES, et RENVOIS AUX PROFILS.	DÉSIGNATION DES SOMMITÉS ET AUTRES LIEUX.	HAUTEURS au-dessus du niveau de la mer.	
		pieds.	mètres.
	Durance. (Aux pieds des Alpes du Dauphiné)....................	800	260
	Genève.........................	1,200	390
Alpes Savoyardes.	Les Trois Ellions.		
Alpes du Dauphiné. (K.)	Mont-Genèvre (sources de la Durance).....................	6,100	1,982
	Mont-Viso......................	12,972	4,214
	Mont-Sainte-Victoire..........	3,126	1,015
	Marseille (Observatoire)........	144	47
	Mont-Viso.		
	Barcelonette....................	3,500	1,137
Alpes Maritimes.(V.)	Col de Fenêtre................	8,500	2,761
	Col de Tende..................	5,525	1,795
	Mont-Monaco..................	1,658	538
	Monaco (ville)................	100	32
Apennins. (X.)	Bocchetta.....................	2,400	780
	Mont-Simone..................	6,546	2,126
	Sasso di Simone..............	3,798	1,234
	Mont-Casale..................	5,012	1,628
	Mont-Pennino.................	4,848	1,575
	Mont della Sibylla............	7,038	2,286
	Mont-Vetora..................	7,600	2,469
	Gran Sasso d'Italia............	8,934	2,902
	Mont-Terminello..............	6,600	2,144
	Mont-Velino..................	7,567	2,393
	Lac de Celano................	2,000	645
	Mont-Gennaro................	3,924	1,275
	Mont-Cavo...................	2,928	951
	Mont-Amaro..................	8,568	2,783
	Mont-Calvo..................	4,800	1,559
	Vésuve......................	3,688	1,198
	Mont-Sila (Calabre)...........	4,634	1,505
	Mont-Etna...................	9,965	3,237
	* Mont-Rotondo (Corse), sur le prolongement du contre-fort à l'ouest du Tibre et de l'Ombron e......	8,225	2,672
	Rome........................	142	46,5
	Naples.......................	26	8,5
Le Saint-Gothard.			
Première branche des Grisons. (D.)	Glarnisch....................	8,970	2,914
	Dödi........................	11,152	3,623

NOMS DES SYSTÉMES, et RENVOIS AUX PROFILS.	DÉSIGNATION DES SOMMITÉS ET AUTRES LIEUX.	HAUTEURS au-dessus du niveau de la mer.	
		pieds.	mètres.
ALPES DE THUR. (G.)	Sentis........................	7,700	2,511
ALPES DES 4 VILLES FORESTIÈRES. (F.)	Tithlisberg...................	10,200	3,313
ALPES BERNOISES. (E.)	Schrekhorn...................	12,570	4,083
	Finster-Aarhorn..............	13,224	4,296
	Jungfrau.....................	12,868	4,180
Le Jorat.			
MONTS DU JURA. (II.)	Reculet......................	5,200	1,689
	Dole.........................	5,200	1,689
	Mont-Tendre.................	5,170	1,679
	Chasseral....................	4,956	1,610
	Mont-Terrible...............	2,919	948
	Hasenmatte..................	4,482	1,456
	Hauenstein..................	3,961	1,287
	Mont-Läger..................	3,600	1,169
LES VOSGES. (15.)	Ballon d'Alsace..............	3,870	1,257
	Ballon de Sulz...............	4,362	1,417
	Grand-Donnon...............	3,138	1,019
	Mont-Tonnerre..............	2,100	682
	Le Rhin......................		
	Strasbourg...................		
	Mayence.....................		
Les monts Faucilles. Le plateau de Langres. La Côte d'Or.			
LES CÉVENNES.	Mezen.......................	5,460	1,774
	Carcassonne.................		
LE FOREZ. (14.)	Pierre-sur-Haute.............	6,100	1,982
	Montoset, ou Puy de Montoncelle..	5,100	1,657
	La Madeleine................	4,500	1,462
LES MONTS D'AUVERGNE.	Le Cantal....................	5,717	1,857
	Mont-Dor....................	5,800	1,884
	Puy-de-Dôme................	4,542	1,475
	Orléans......................	360	117
PYRÉNÉES. (Y.)	Mont-Canigou...............	8,646	2,809
	Mont-Perdu.................	10,578	3,436
	Vignemale...................	10,350	3,362
	Pic du Midi..................	9,000	2,924

NOMS DES SYSTÈMES, et RENVOIS AUX PROFILS.	DÉSIGNATION DES SOMMITÉS ET AUTRES LIEUX.	HAUTEURS au-dessus du niveau de la mer	
		pieds.	mètres.
PYRÉNÉES ORIENTALES.	Barèges......................	3,972	1,290
	Fort de Bellegarde.............	1,400	454
	Monserrat (Catalogne)..........	3,804	1,256
	Barcelonne....................	200	65
SIERRA NEVADA.	Combre de Mulhazem..........	11,000	3,573
	Madrid (ville de)..............	1,872	608
LE CAUCASE.	Mont Elburs..................	17,393	5,650
	Mont Kasbek.................	14,640	4,755

2

Profils de la feuille Sud-Est.

ALPES DU DAUPHINÉ. (K.)	Mont-Sainte-Victoire...........	3,126	1,015
	Mont-Viso....................	12,972	4,214
	Marseille.....................	144	47
ALPES SAVOYARDES. (A.)	Mont-Ventoux.................	6,367	2,068
	Trois Ellions, près du mont Tabor..	13,000	3,898
	Mont-Cenis....................	10,926	3,549
	Passage du Mont-Cenis........	6,100	1,972
	Mont-Iseran.................	12,456	4,046
	Mont-Blanc...................	14,790	4,804
ALPES VALAISANNES. (B.)	Passage du Grand Saint-Bernard...	7,668	2,490
	Mont-Combin.................	13,254	4,305
	Mont-Cervin.................	12,500	4,061
	Weisshorn...................	13,800	4,483
	Mont-Rosa..................	14,579	4,735
	Passage du Simplon............	6,172	2,005
	Passage de Gries.............	7,338	2,384
SAINT-GOTHARD.	Passage du Saint-Gothard.........	6,384	2,075
ALPES BERNOISES. (E.)	Passage des Gemmi.............	6,922	2,249
	Jungfrau....................	12,868	4,180
	Finster-Aarhorn...............	13,224	4,296
Le Jorat. Le Jura.	Mayence. Bingen.		

1.   5

NOMS DES SYSTÈMES, et RENVOIS AUX PROFILS.	DÉSIGNATION DES SOMMITÉS ET AUTRES LIEUX.	HAUTEURS au-dessus du niveau de la mer.	
		pieds.	mètres.
	Coblentz.		
	Bonn.		
	Düsseldorf.		
LES ARDENNES. (U.)	Hohe-Ween.................	1,000?	525?
	Eifel.................	1,800?	585?
Le Saint-Gothard.			
ALPES DES 4 VILLES FO-RESTIÈRES. (F.)	Gallenstock.................	11,522	3,678
PREMIÈRE BRANCHE DES GRISONS. (D.)	Ober-Alpstock.................	10,243	3,327
	Dödi.................	11,152	3,622
	Ringel.................	9,700	3,151
Les Alpes de Thur. Le Saint-Gothard.			
BRANCHE N. E. DES GRISONS (LA DEUXIÈ-ME). (C.)	Mont-Vogel.................	10,272	3,337
	Passage du Bernardin.........	6,000	1,949
	Tomba-Horn.................	9,845	3,198
	Passage du Splügen.............	5,926	1,925
ALPES BERNINA, OU TROISIÈME BRANCHE DES GRISONS. (I.)	Passage Maloïa.................	5,900	1,917
	Mont dell' Oro.................	9,900	3,215
	Mont-Ofen.................	6,500	2,111
ALPES D'ORTEL. (L.)	Ortels-Spitze.................	14,416	4,685
	Mont-Baldo.................	6,873	2,232
ALPES TYROLIENNES. (M.)	Passage Finstermünz.........	2,800	910
	Platey-Kogel.................	9,748	3,167
	Mont Brenner.................	6,359	2,066
	Passage du mont Brenner........	4,375	1,421
	Dreiherrn-Spitze.............	9,500	3,076
ALPES TRIDENTINES. (T.)	Passage de Toblach............	5,900	1,237
	Mont-Vedretta-Marmolata........	10,800	3,511
ALPES DE CARINTHIE.	Alpes de Stein.................	10,273	3,337
ALPES DE CARNIOLE (Q.)	Terglou.................	9,578	3,046
ALPES DINARIQUES. (R.)	Mont-Klek.................	6,500	2,111
	Mont-Dinario.................	7,000	2,274
LE BALKAN (Hœmus).	Orbelos.................	9,000	2,924

NOMS DES SYSTÈMES, et RENVOIS AUX PROFILS.	DÉSIGNATION DES SOMMITÉS ET AUTRES LIEUX.	HAUTEURS au-dessus du niveau de la mer.	
		pieds.	metres.
ALPES HELLÉNIQUES.	Mont Olympe...................	6,120	1,988
Alpes Tyroliennes.	*Dreiherrn Spitze.*		
	Watzmann......................	9,058	2,942
	Grand-Glockner................	11,500	3,756
	Wisbachhorn...................	10,807	3,511
	Rathhaus-Berg.................	8,184	2,658
ALPES DE SALZBOURG.	Bockstein (mines d'argent)......	6,300	2,046
(N.)	Bains de Gastein..............	2,900	942
	Dachstein....................	8,930	2,901
	Mont-Priel...................	6,566	2,133
	Passage de Radstadt-Tauern.....	4,799	1,559
	Hoch-Golling.	9,797	3,182
ALPES STYRIENNES.	Eisenhut....................	7,469	2,426
(O.)	Schnee-Berg.................	6,444	2,093
Le Saint-Gothard.			
BRANCHE N. E. DES GRISONS (LA DEUXIÈ- ME). (C.)	Scaletta....................	8,100	2,631
ALPES D'ALGAU. (V.)	Hoch-Vogel..................	9,004	2,925
	Sollstein.	9,106	2,957
	Munich....................	1,569	510
ALPES DE LA SOUABE.	Heiligenberg.................	2,900	942
(T.)	Rossberg....................	2,689	874
	Petersberg.	1,086	353
Le Schwarz-Wald (Forêt-Noire). Le Rauhe-Alb. Le Fichtelberg. Le Franken-Wald.			
BRANCHE OCCIDENTALE DU FRANKEN-WALD. (5.)	Geba Berg	2,442	793
	Werra, près de Meinungen......	1,066	346
RHÖN-GEBIRGE. (7.)	Heilige-Kreuzberg.............	2,995	973
	Meisner....................	2,184	709
VOGELS-GEBIRGE. (8.)	Hoherodskopf................	2,080	676
HAUTEURS SUR LA DROI- TE DU RHIN. (10.)	Taunus.	2,436	791
	Eder-Kopf. ..... }	1,952	628
	Salzburger-Kopf. } Wester-Wald..	1,967	639
	Sieben-Gebirge.. }	1,700	553

NOMS DES SYSTÈMES, et RENVOIS AUX PROFILS.	DÉSIGNATION DES SOMMITÉS ET AUTRES LIEUX.	HAUTEURS au-dessus du niveau de la mer.	
		pieds.	mètres.
Monts a l'O. du We-ser. (9.)	Egge........................	1,000 ?	325 ?
	Forêt de Teutobourg...........	1,000 ?	325 ?
	Porte Westphalienne...........	600 ?	195 ?
	Mont de Minden...............	250 ?	99 ?
Le Franken-Wald.			
Thüringer – Wald. (6.)	Schnee-Kopf..................	5,141	1,020
	Insels-Berg..................	2,949	958
	Etters-Berg..................	1,557	506
	Wachsenbourg................	1,465	476
	Hoersel-Berg.................	1,621	527
	Sieglitz-Berg.................	2,198	714
	Mont-Culm..................	2,269	737
	Bless-Berg (source de la Werra)...	2,800	910
	Mont Seeberg................	1,372	445
	Observatoire de Seeberg.........	1,220	396
	Gotha (place du Château).......	1,146	372
	Gotha (le Marché neuf)........	1,033	335
Les monts au nord-est du Thüringer-Wald. Le Düinger-Berg.			
Monts a l'E. du We-ser.	Hercule (près de Wilhelms-Höhe, sur le Habichts-Wald)........	1,400	455
	Cassel.......................	486	158
Harz.	Brocken (Blocksberg)..........	3,533	1,148
Mittel-Gebirge.	Donnersberg ou Mont-Tonnerre...	2,600	845
Erz-Gebirge.	Schnee-Berg..................	2,300	747
	Forteresse de Königstein........	1,651	536
	Keil-Berg...................	3,900	1,267
	Fichtelberg..................	3,571	1,160
	Auersberg...................	3,100	1,007
	Drei-Kreuzberg...............	1,752	563
	Ville de Königstein............	300	97
	Dresde.....................	280	91
	Freyberg....................	1,100	357
	Carlsbad...................	1,200	390
	Sainte-Anna.................	1,729	562
	Eger.......................	1,300	422
Fichtelberg. (4.)	Schnee-Berg..................	3,217	1,045
	Ochsenkopf..................	3,195	1,038
Le Böhmer-Wald. Les monts Bohémo-Moraviens.			

NOMS DES SYSTÈMES, et RENVOIS AUX PROFILS.	DÉSIGNATION DES SOMMITÉS ET AUTRES LIEUX.	HAUTEURS au-dessus du niveau de la mer.	
		pieds.	mètres.
Les Sudètes.			
	Hohe-Eule......................	3,263	1,060
	Hohe-Mense.....................	3,242	1,053
	Heuscheunen....................	2,995	975
	Spiegel-Berg...................	2,800	910
RIESEN-GEBIRGE. (1.)	Sturmhaube.....................	4,900	1,592
	Kynast.........................	1,800	585
	Grand-Rad......................	4,707	1,529
	Reifträger.....................	3,900	1,267
	Tafelfichte....................	3,429	1,113
	Gottesberg....................	1,600	520
MONTS DE LA LUSACE. (2.)	Lautsche.......................	2,358	766
	Landskrone.....................	1,300	422
	Oybin..........................	1,600	520
	Winterberg.....................	1,800	585
	Görlitz.......................	521	169
	Zittau........................	600	195
	Monts de Glaz (Schneeberge).		
LES SUDÈTES. (S.)	Altvater.......................	4,256	1,383
	Petit... } Schneeberg..........	4,100	1,332
	Grand.. }	4,300	1,396
	Glaz..........................	907	294
	Zobtenberg....................		
	Breslau.......................		
	Niveau du Danube à :		
	Ulm...........................	1,158	370
	Ratisbonne....................	972	316
	Passau........................	789	256
	Vienne........................	480	156
	Presbourg.....................	310	101
CARPATHES. (11.)	Lomnitzer-Spitze...............	8,000	2,578
Le Niederborsec. Les monts Volchonski. Les monts Waldaï. Les monts Olonetz. Les monts Maanselka.			
ALPES SCANDINAVES. (J.)	Sulitelma......................	5,796	1,885
	Syltfiallet....................	6,100	1,983
	Schnechattan...................	7,696	2,500
	Lang-field.....................	6,200	1,994
	Sogen-field....................	6,700	2,176
	Mont Olrik (près de Bergen)....	2,100	682
	Folge-Fonde....................	5,400	1,754
	Gausta.........................	6,000	1,949

NOMS DES SYSTÈMES, et RENVOIS AUX PROFILS.	DÉSIGNATION DES SOMMITÉS ET AUTRES LIEUX.	HAUTEURS au-dessus du niveau de la mer.	
		pieds.	mètres.

3.

Profils de la feuille Nord - Est.

EUROPE.

NOMS DES SYSTÈMES, et RENVOIS AUX PROFILS.	DÉSIGNATION DES SOMMITÉS ET AUTRES LIEUX.	pieds.	mètres.
HAUTES-ALPES. (Suisse, Italie, Autriche, etc.)	A. Mont Blanc.	14,790	4,804
	B. Mont Rosa.	14,579	4,735
	L. Ortels-Spitze.	14,416	4,685
	B. Mont Combin.	13,254	4,305
	K. Mont Viso.	12,972	4,214
	A. Trois Ellions, près du mont Tabor.	12,000	3,898
	N. Grand-Glockner.	11,500	3,735
	D. Dödi.	11,152	3,625
	C. Mont-Vogel.	10,272	3,337
	I. Mont dell' Oro.	9,900	3,215
	Q. Terglou.	9,378	3,046
	N. Rathhaus-Berg.	8,184	2,658
	O. Schnee-Berg.	6,444	2,095
ALPES SCANDINAVES. (Suède et Norvège.) (J.)	Schneehattan.	7,696	2,499
	Sogen-field.	6,700	2,176
	Syltfiällen.	6,100	1,985
	Folge-Fonde.	5,400	1,754
	Mont Olrik, près de Bergen.	2,100	682
MONTS HERCYNIENS. (Allemagne.)	5. Keil-Berg.	3,900	1,267
	Harz.	3,535	1,148
	4. Ochsenkopf.	3,195	1,038
	7. Rhön-Gebirge.	2,995	973
	2. Monts de la Lusace.	2,900	942
	6. Bless-Berg.	2,800	910
	5. Donnersberg ou Mont Tonnerre.	2,600	845
	Le Taunus.	2,436	791
	8. Vogels-Gebirge.	2,140	695
ARDENNES.	U. Eifel.	1,800 ?	585 ?
	U. Ardennes.	1,000 ?	325 ?
MONTS ANTÉRIEURS DES ALPES. (France.)	Mont Ventoux.	6,367	2,068
	Mont Sainte-Victoire.	3,126	1,015
MONTAGNES BRITANNIQUES. (Grande-Bretagne.)	Ben-Nevis.	4,104	1,333
	Wharnside.	4,050	1,316
	Ben-Lavers.	4,015	1,304
	Ingleborough.	3,987	1,295
	Pennigant.	3,930	1,276
	Snowdon.	3,342	1,086
	Grossfeld.	3,134	1,018
	Ben-more.	3,100	1,007
	Hekla.	3,000	975

NOMS DES SYSTÈMES, et RENVOIS AUX PROFILS.	DÉSIGNATION DES SOMMITÉS ET AUTRES LIEUX.	HAUTEURS au-dessus du niveau de la mer.	
		pieds.	mètres.

AMÉRIQUE.

ANDES DE QUITO.	Chimborazo...................	20,148	6,544
ANDES DU CHILI.	Descabezado.................	20,000	6,496
ANDES DU MEXIQUE.	Grand-Pic (Monts Colombiens)...	18,600	6,042
ANDES DE QUITO.	Cayambe-Urcu (hauteur atteinte par Humboldt)...............	18,330	5,945
	Cotopaxi (volcan)..............	17,712	5,753
MONTAGNES ROCHEUSES.	Mont Saint-Élie...............	16,971	5,513
ANDES DU MEXIQUE.	Popocatepec (volcan)..........	16,623	5,400
ANDES DE QUITO.	Illiniça, près de Quito..........	16,502	5,360
	Limites des neiges perpétuelles sous l'équateur....................	14,998	4,872
ANDES DE QUITO.	Pichincha, près de Quito........	14,988	4,868
ANDES DU MEXIQUE.	Iztaccihuatl (volcan)...........	14,722	4,782
ANDES DE LA NOUVELLE-GRENADE OU DES ANTILLES ET DU MARANON.	Sierra Nevada de Merida, près de Maracaybo..................	14,100	4,580
	Puracé (volcan)..............	13,650	4,433
MONTS ALLEGHANY.	Mont Washington..............	9,379	3,046
	Quito (ville).................	9,036	2,935
	Mont Duida (Guyane)..........	7,854	2,551
	Mexico (ville)................	7,009	2,277
	Montagne Bleue (Jamaïque).....	6,828	2,218
	Volcan de la Soufrière (Guadeloupe)....................	4,794	1,557
	Mont Pelée (Martinique)........	4,416	1,434
MONTS ALLEGHANY.	Pic Otter....................	3,752	1,219
	Mont de la Misère (île St. Christophe)....................	3,711	1,205
	Caracas (ville)...............	2,496	811
MONTS ALLEGHANY.	Montagnes Bleues (États-Unis du Nord).....................	1,998	649
MONTAGNES DE L'ISLANDE.	Snäfial......................	6,800	2,20
	Eyafial......................	5,200	1,689
	Wester-Glacier...............	4,200	1,369
	Hekla.......................	4,000	1,294

AUSTRALIE.

	Mowna-Roa (îles Sandwich)......	15,468	5,024
	Mont-Egmond (Nouvelle-Zélande, île Eaheinomauve)...........	14,370	4,667
	Mont d'Otaïti (îles de la Société)..	10,230	3,323

NOMS DES SYSTÈMES, et RENVOIS AUX PROFILS.	DÉSIGNATION DES SOMMITÉS ET AUTRES LIEUX.	HAUTEURS au-dessus du niveau de la mer.	
		pieds.	mètres.

ASIE.

NOMS DES SYSTÈMES	DÉSIGNATION	pieds	mètres
HIMALAYA (Tibet).	Dhawalagiri ou Dholagir.........	28,015	9,100
	Swelagar.....................	25,261	8,206
	Chandragiri.	23,477	7,620
CAUCASE INDIEN.	Hindou-Koh.	20,493	6,657
CAUCASE.	Elburs.	17,393	5,650
	Kasbek ou Mainwar............	14,640	4,755
TAURUS.	Pic de la Frontière de la Chine et de la Russie..................	15,810	5,135
	Mont Gattes (côte de Malabar)...	13,000	4,222
	Mont Ophyr (île de Sumatra).....	12,162	3,950
	Mont Ararat (Arménie)..........	12,000	3,898
	Mont Liban (Palestine).........	8,948	2,906
	Petit-Altaï (Sibérie)............	6,558	2,130
MONTS OURALS.	Cime du Pawdinskoe...........	6,365	2,067
	Mont Sinaï (Arabie-Pétrée).......	5,525	1,795

AFRIQUE.

	DÉSIGNATION	pieds	mètres
	Atlas (royaume de Maroc).......	12,000	3,898
	Pic de Ténériffe (îles Canaries)...	11,393	3,710
	Montagne Ambotismène (Madagascar)........,...............	10,470	3,410
	Mont Salaze (île de Bourbon)....	10,158	3,299
	Niew-Weld (Pays du Cap).......	10,000	3,248
	Schneeberg (Pays du Cap).......	6,390	2,077
	Montagne de la Table (Cap de Bonne-Espérance).............	3,666	1,191
	Montagne de Diane (île Sainte-Hélène).........................	2,692	874

Fautes essentielles à corriger.

Page 17, ligne 8. *Au lieu de* faisant, *lisez :* qui font.

18, 12. *Au lieu de* place, *lisez :* notre point de départ.

26, 11 en remontant. *Au lieu de* une telle, *lisez :* cette.

29, 16 en remontant. *Au lieu de* aisons, *lisez :* faisons.

36, 7. *Au lieu de* d'Éperon-de-la-botte, figurée, *lisez :* d'É-
peron de la botte figurée.

45, 3 et 4. *Au lieu de* la section nord-ouest ou les eaux de la
Thrace et de la Tauride sont les seules que nous ayons
à visiter. *lisez :* la section nord-ouest, c'est-à-dire les
eaux de la Thrace et de la Tauride, est la seule que
nous ayons à visiter.

45, 8. *Au lieu de* a, *lisez :* la.

45, 7 en remontant. *Supprimez* par à *l'extrémité de la ligne.*

PLAN ET DIVISION
DES ESSAIS DE GÉOGRAPHIE
MÉTHODIQUE ET COMPARATIVE.

Iʳᵉ LIVRAISON. (Prix : 27 francs.)

IIᵉ LIVRAISON. (Prix : 39 francs.)

IIIᵉ LIVRAISON. (Prix : 15 francs.)

IVᵉ LIVRAISON. (Prix : 15 francs.)

Vᵉ, VIᵉ ᴇᴛ VIIᵉ LIVRAISONS. (Prix : 45 francs.)

VIIIᵉ LIVRAISON. (Prix : 30 francs.)

IXᵉ LIVRAISON. (Prix : 30 fiancs.)

Xe LIVRAISON. (Prix : 15 francs.)

Études de géographie civile, historique et militaire de la France. Six cartes à l'échelle de 1/1500000. Papier jésus-vélin.

XIe LIVRAISON. (Prix : 12 francs.)

Tableaux physiques et statistiques des quatre-vingt-six départemens de la France. Quatre feuilles colombier vélin.

XIIe LIVRAISON. (Prix : 16 francs.)

Appendice, ou dictionnaire contenant les développemens nécessaires à une connaissance plus approfondie de tout ce que l'on a dû ne présenter que succinctement dans les *Essais géographiques et historiques.*

XIIIe LIVRAISON. (Prix : 16 francs.)

Carte des environs de Paris à l'échelle de 1/100000. Une feuille colombier vélin.

Théorie du terrain, suivie d'applications aux levés à vue et aux reconnaissances militaires.

N. B. La division des *Essais de géographie méthodique et comparative* est telle, que chaque étude peut être regardée comme un ouvrage spécial. Les prix indiqués sont ceux de souscription à la totalité de l'ouvrage.

———

Le prix des Études qui doivent former la collection des *Essais de géographie méthodique et comparative* n'excèdera pas la somme de 260 francs pour MM. les souscripteurs. Celui de chaque livraison, l'une dans l'autre, est en conséquence établi à 20 francs. Mais comme cette évaluation moyenne se trouve parfois au-dessous de la valeur effective des parties qui seront successivement mises en vente, ce qui a lieu, par exemple, pour les deux premières livraisons, lesquelles s'élèvent ensemble à la somme de 66 francs, MM. les souscripteurs paieront, en recevant notre première publication, une somme de 60 francs, dont 40 à valoir sur le montant des 11e, 12e et 13e livraisons.

Il sera fait une augmentation de 25 centimes par franc sur les prix de souscription pour les Études (cartes ou tableaux) demandées séparément, et celle de 15 seulement pour toute livraison complète détachée de la collection.

A l'effet de répondre, autant que possible, aux demandes pressantes qui nous sont journellement faites, nous publierons en différens cahiers les livraisons qui, par la distribution des matières, présenteront cette facilité : la première et la deuxième sont de ce nombre ; des parties en sont maintenant en vente ; les autres paraîtront dans les premiers mois de la même année.

Les matériaux des 3e, 4e, 5e, 6e, 7e et 8e livraisons sont prêts, et permettent d'espérer une émission rapide. Rien ne sera négligé pour que la publication de notre travail, qui se composera de plus de 75 planches et de 6 volumes au moins de texte, soit terminée dans le courant de 1829.

On ne recevra de souscription à la totalité de l'ouvrage que jusqu'à la mise en vente de la troisième livraison. Passé cette époque, il ne sera plus fait d'autre remise sur les parties antérieures à chaque nouvelle publication, que celle qui se trouve ci-dessus fixée pour toute livraison complète.

DE L'IMPRIMERIE DE DIDOT LE JEUNE, rue des Maçons-Sorbonne, n° 13.

www.ingramcontent.com/pod-product-compliance
Lightning Source LLC
LaVergne TN
LVHW051458090426
835512LV00010B/2210